KB271074

이 땅에서 학문하기

— 새 천년을 맞이하는 진통과 각오

지식산업사

이 땅에서 학문하기

초판 제1쇄 인쇄   2000. 1. 5
초판 제1쇄 발행   2000. 1. 7
지은이   조동일
펴낸이   김경희
펴낸곳   (주)지식산업사
등록번호   1-363
등록날짜   1969. 5. 8
주소   서울시 종로구 통의동 35-18
전화   734-1978·1958   팩스 720-7900
천리안ID   jisikco
홈페이지   www.jisik.co.kr

책값   10,000원

ⓒ 조동일, 2000

ISBN 89-423-3042-8   03300

*이 책을 읽고 지은이에게 문의하고자 하는 이는
  지식산업사 편집부로 연락 바랍니다.

이 땅에서 학문하기

머리말

새 천년이 시작되는 것을 온 세계가 큰 경사로 여기지만, 우리
는 지금 미래를 향한 벅찬 희망을 말하기 전에 청산해야 할 과거
와 힘든 싸움을 하느라 진통을 겪고 있다. 새 역사를 설계하는 학
문을 하겠다는 각오가 모자라지 않고, 이치의 근본을 꿰뚫어보는
통찰력을 갖추려고 해도, 뜻한 바를 이루지 못하게 가로막는 장애
물을 헤쳐나가기 어렵다. 학문을 죽이는 정책이 위기를 더욱 가중
시키지 못하도록, 귀중하기 이를 데 없는 시간에다 상처를 내면서
나서서 싸워야 하니 괴롭다.

학문을 하려면 학문운동을 해야 한다. 그래야만 학문을 제대로
하는 길을 함께 찾을 수 있다. 학문운동을 하려면 학문을 실제로
해야 한다. 그래야만 학문운동에서 주장하는 바가 헛되지 않는다.
지금은 학문운동에 더욱 힘써야 할 때이지만, 학문을 실제로 한
성과를 보여주어야 새로운 학문의 방향과 방법에 관한 주장이 설
득력을 가진다.

학문운동에서 물러나 실제 연구에 몰두하는 것이 간절한 소망

이다. 《우리 학문의 길》(지식산업사, 1993), 《독서·학문·문화》(서울
대학교출판부, 1994), 《인문학문의 사명》(서울대학교출판부, 1997)
을 써서 학문운동을 위해 한 차례 분발한 다음, 지금 生克論의 역
사철학을 세계문학사의 새로운 이해를 통해 다지는 작업을 진행
하고 있으면서 벅찬 즐거움을 누린다. 이제 정년퇴임까지 얼마 남
지 않은 시간을, 계획하고 있는 연구를 완성하기 위해 온통 바치
고, 다른 일에는 관심을 가지지 않게 되기를 바란다.

세계문학사의 전개에 관하여 탐구한 성과를 《세계문학사의 허
실》(지식산업사, 1996), 《카타르시스·라사·신명풀이》(지식산업사,
1997), 《동아시아 구비서사시의 양상과 변천》(문학과지성사, 1997),
《하나이면서 여럿인 동아시아문학》(지식산업사, 1999), 《공동문
어문학과 민족어문학》(지식산업사, 1999), 《문명권의 동질성과
이질성》(지식산업사, 1999), 《철학사와 문학사, 둘인가 하나인가》
(지식산업사, 2000년 간행 예정), 《소설의 사회사 비교론》(2001년
간행 예정), 《세계문학사의 전개》(2002년 간행 예정), 《세계문학
사 연구총서 총색인》(2003년 간행 예정) 등의 10여 권의 저서로
보여주는 것이 지금 하고 있는, 할 일이다. 그래서 이 땅에서 하는
우리의 주체적인 학문이 다음 단계의 세계사를 개척하는 선구자
가 되어야 한다는 지론이 타당함을 입증해야 한다. 할 일은 많고
시간과 힘이 모자라 안타깝다.

그런데 학문운동을 위해 나서지 않을 수 없는 사태가 계속 벌
어지고 있다. 학문의 위기가 더욱 심각해지고, 해결책 모색이 한
층 절박해지고 있어, 여기저기서 말을 하고 글을 쓰라고 하는 요
청을 거절할 수 없다. 또한 내 자신이 하고 있는 일이 시비의 대
상이 되고 있는 데 대해서 계속 침묵하는 것이 마땅하지 않다. 써

서 내놓은 책을 읽지 않아서 생긴 오해나 험담에 대해서 책을 더 많이 써서 대답할 수는 없으므로 짧은 글이 필요하다. 본론이 너무 길게 전개된 탓에 도리어 모호해진 전체적인 방향을 다시 명확하게 해야 한다. 인문학의 위기니 하는 것을 내세우면서 그릇된 주장을 함부로 펴는 난맥상을 정리하려면 마주서서 따지지 않을 수 없다.

근래에 있었던 몇 가지 사건이 충격을 주어, 이 책을 내지 않을 수 없게 했다. 내 학문에 대해서 시비한 글이 두 편 발표되었는데, 이용한 자료를 보면 책이 아니고 글이다. 강준만 교수는 〈'우리 학문의 길', 어디로 가야 하나? 세계 제패를 꿈꾸는 조동일의 빛과 그림자〉(《인물과 사상》 12, 서울 : 개마고원, 1999)에서, 내 학문 전반에 대해서 광범위한 논의를 펴면서, 주저라고 할 수 있는 책은 다루지 않고 내 자신이나 다른 사람들의 짧은 글을 많이 모아 자료로 삼았으며, 학문의 내용보다 세상의 관심을 더욱 중요시했다. 평가 자체가 아닌, 평가를 내리기 위해 이용한 자료가 불만이다.

홍윤기 교수는 자기 지론을 펴기 위해 내가 한 선행업적을 길게 거론하면서 책은 보지 않고 그 일부를 요약한 잡지글을 이용했다. 〈철학함의 철학 — 열암의 철학에 나타난 자생 철학 담론의 적극적 가능성과 발전〉(《이 땅에서 철학하기》, 서울 : 솔, 1999)에서 박종홍에 대한 나의 논의를 길게 거론했는데, 그때 이용한 자료가 《21세기문학》(창간호, 서울 : 이수, 1997)에 발표한 〈우리말로 철학하기의 역사적 과업〉이다. 《인문학문의 사명》의 일부를 축약한 그 글만 다루고 책 전체는 전혀 거론하지 않았다.

그런 분들에게 내 주저를 보아달라고 하는 것은 무리한 요구일 수 있다. 지나치게 많은 독서량을 갖다 안기는 것은 실례일 뿐만 아니라, 내 주장을 펴는 효과적인 방법이 아니다. 길고 복잡하며 난해하기조차 한 논의를 장황하게 펴는 것을 능사로 삼지 말고, 책을 쓰더라도 짧고, 쉽고, 재미있게 써야 하고, 책보다는 글을 쓰는 데 힘을 써서 대중적인 매체를 통해 발표하는 것이 강준만 교수가 권고한 '대중화'의 방책일 수 있다.

인문학의 위기를 해결하는 정책의 방향을 두고 심각한 논란을 벌이는 데 참여한 것이 이 책을 서둘러 내지 않을 수 없는 또 하나의 계기이다. 학문정책을 어떻게 바꾸어야 한국학문이 살아나 선진화하고 세계화할 것인가 하는 의견을 정부 쪽에서 묻는 데 호응해 써낸 글 몇 편을 뒤에다 싣는다. 정부의 잘못을 나무라기만 하지 말고 당장 실행할 수 있는 대안을 내는 것이 마땅하다고 생각해서 노력을 기울여 쓴 글이다. 그런데 제안한 바를 받아들이지 않을 뿐만 아니라 관심도 보이지 않고, 오히려 그 반대로 나아가 분개하지 않을 수 없다.

학문의 위기는 학문 내부의 힘만으로 해결할 수 없고, 정부에서 학문정책을 바르게 하는 것이 절대적으로 필요하다. 경제사정이 점점 더 어려워져 대학이나 민간재단은 아주 무력해지고, 학문의 위기를 해결하는 데 필요한 재원은 정부만 가지고 있다. 그런데 정부에서는 '두뇌한국 21'에 이어서 또다시 실패를 저질러 귀중한 재원을 학문을 죽이는 데다 써버릴 조짐이라, 경고하고 시정을 요구하지 않을 수 없다. 이에 관해서는 언론의 동참이 당연히 요구되지만, 무엇이 문제인지 모르고 있어 나서지 않고, 지면을 제공해 주지도 않는다. 내가 스스로 신문이나 잡지를 내서 할 말을 해야 한다고 생각해서 이 책을 내놓는다.

　지금 정치권의 혼미가 온 국민의 사기를 극도로 저하시켜 **무슨**
일에든지 비관론을 앞세우는 풍조가 만연하는 것이 크게 우려할
사태이다. 학문은 시대의 추이에 따라 떠도는 부유물이 아니고 탁
류가 넘치지 못하게 하는 둑이며, 세상을 바로잡는 기둥이어야 하
는 줄 모르는 사람들이 학자로 행세하면서 학문의 위기를 함부로
논하는 동안에 파국이 닥쳐오고 있다. 나는 정치를 바로잡을 능력
이나 안목은 없으나, 학문을 위해서는 혼신의 힘을 기울이지 않을
수 없는 운명을 달리 어떻게 하지 못해, 또다시 외치면서 **나선다.**

　여기서 다시 벌이는 싸움은 나 홀로 감당할 수 없다. 학문의 길
에 들어서는 모든 젊은 일꾼이 크나큰 사명감을 가지고 평생토록
할 일이 부당하게 방해받지 않도록 하기 위해 회피할 수 없는 싸
움을 내가 앞장서서 시작할 따름이다. 나는 지금 하고 있는 연구
를 가능한 범위 안에서 진행하고 물러나면 그만이지만, 미래를 창
조해야 하는 주역들은 학문의 힘으로 세상을 개조하는 범위를 넓
히고 그 원리를 한층 명확하게 하려고 계속 진력해야 할 것이다.
후발주자들이 대거 앞질러 가 고마운 휴식을 선물하는 날을 고대
하면서, 더 하고 싶은 말을 이만 줄인다.

2000년이 시작되는 새해 새날
조동일

차례

제1부 새로운 출발

위기 이겨내기
글읽기와 글쓰기
신명풀이의 창조정신

위기 이겨내기[1]

빗나간 위기론

　다른 여러 학문이 산문이라면 인문학문은 시라고 할 수 있다. 세상이 외면하는 탓에 시를 쓰지 못하겠다고 해도 되는가? 아직 쓰지 않은 시를 알아달라고 할 수 있는가? 학문을 하지 않고 있으면서 평가를 바라는 것이 인문학문의 위기이다. 인문학문을 선택한 것 자체가 존경받아야 할 일이라고 하니, 동참자가 되겠다고 자원하는 학생들조차 실망한다.

　이렇게 말하면, 얼마나 많은 말을 하고 글을 썼는지 알아보지 않고 함부로 나무란다고 할 것이다. 그러나 외국시를 소개하고 숭앙한다고 해서 시인이 될 수 있는 것은 아니듯이, 남들이 하는 학문을 가져와 배우고 따르자고 하는 '수입학'은 제대로 된 학문이

---

1) 이 글은 《조선일보》에서 인문학문의 위기를 진단한 기획연재물의 결론으로 쓴 것이다. 다른 논자들은 위기상황을 우려하고 개탄하고 논의를 펴는 데 그친 것이 불만이어서 해결책을 찾기 위해 스스로 노력해야 한다고 주장했다.

아니다. 학문을 하지 않는 공허함을 학문론 수입으로 메우려고 하니 사태가 더욱 악화된다.

'수입학'만으로는 행세하기 어렵다는 것을 알아차린 신세대는 '시비학'을 택해, 학문을 우상이라고 여겨 타파하는 데 가담한다. 논리를 찾고, 이론을 이룩하며, 역사의 방향을 문제삼는 것 자체가 무의미하다고 한다. 유럽문명권 학문의 큰 봉우리들이 모두 불신을 받는다는 이유를 들어, 이제 거대이론의 시대는 끝났으니 시대착오를 하지 말라고 하면서 우리 학문이 '창조학'으로 나아가지 못하게 막는다.

싸움은 싸움답게

그런 풍조에 '자립학'으로 맞서는 것은 정당하다. 우리 문화의 유산을 돌보는 국학이 '자립학'이다. 국학의 일꾼들은 인문학문 위기론에 말려들지 않으면서 맡은 일을 묵묵히 수행하고 있다. 그러나 그것은 소극적인 방어책일 따름이다. 자료에 머무르고 이론은 돌보지 않으면서 주체성을 지키려고 하니 역부족이다. 개별자료에서 일반이론으로 과감하게 나아가는 '창조학'을 이룩해야 적극적인 타개책이 생긴다.

산문에다 견준 다른 학문은 유용성을 자랑하고 있지만, 주문하는 쪽의 요구에 맞게 결과물을 내놓아야 하는 경우가 허다하다. 시를 쓰듯이 해야 하는 인문학문은 내면의 진실을 찾아 자발적으로 연구해야 한다. 입산수도하는 자세로 커다란 깨달음을 얻어야 한다. 잘못된 세상을 근본적으로 바로잡는 방안을 내놓기 위해서, 일시적인 풍조에 흔들리지 않고, 얄팍한 보상을 바라지 말고, 어느 누구의 지원도 기대하지 말아야 한다. 온갖 어려움을 견디면서 끈덕지게 노력해야 한다.

무엇이 잘못되었는가? 유럽문명권중심주의·근대지상주의·과학만능주의·시장경제절대주의를 모두 바로잡아, 여러 문명권이 대등한 관계를 가지고, 근대를 극복하는 다음 시대를 이룩하는 학문을 과학과 통찰을 아우르면서 이룩해, 교환가치 이상의 가치를 분명하게 해야 한다. 오래 축적된 저력을 발휘해 우리 인문학문이 그 길에 먼저 들어서서 다른 나라의 분발을 촉구하고, 사회학문이나 자연학문도 각성해 함께 나아가자고 설득할 때이다.

동학들이여

인문학문의 위기를 개탄하면서 거리를 방황하고 있는 동학들이여, 불필요한 서론으로 시간을 낭비하지 말자. 어서 빨리 작업장으로 돌아와 세상을 바로잡는 거대한 학문을 함께 이룩하자. 내가 독주한다고 나무라지 말고, 수고를 나누고 지혜를 보태자. 나는 '창조학'의 시를 또 한 편 써서 여기 내놓으니, 그대들은 그대들의 시를 써서 응답하기 바란다.

글읽기와 글쓰기[1]

말배우기와 글배우기

글읽기와 글쓰기는 말듣기, 말하기와 함께 공부의 기본방법을 이룬다. 세상에 태어나자 곧 말듣기와 말하기를 익히고, 초등학교에서부터 글읽기와 글쓰기를 배운다. 그 네 가지 공부에 끝이 없다. 말을 잘 듣고 잘 하는 훈련을 죽을 때까지 해도 다 하지 못한다. 독서와 저술을 많이 했다고 자랑하는 사람이라도 글읽기와 글쓰기의 최고경지에 이르렀다고 할 수 없다.

말듣기·말하기·글읽기·글쓰기 가운데 어느 것이 더욱 소중한가 가릴 수는 없다. 그 넷을 모두 잘해야 한다. 그 넷은 불가분의 관계를 가져 어느 것만 따로 갈라내 잘할 수는 없다. 그러나 문화

---

1) 한국철학회(회장 소흥렬)에서 논리·논술대학원(대학원장 황필호)이라는 것을 차려 관심 있는 사람들을 모아 가르치려고, 1996년 겨울 연세대학교, 1997년 여름 성균관대학교에서 열린 모임에서 특강을 한 내용을 다듬고 고쳐서 이 글을 쓴다. 철학을 한다는 사람들이 글읽기를 학문으로 여기고 글쓰기에는 힘쓰지 않았으면서 어떻게 글쓰기를 가르칠 수 있는가 의문이라고 하면서, 글쓰기학문에 대한 나의 지론을 폈다.

전통의 차이가 있어 그 넷 가운데 어느 한 쪽에 더욱 큰 비중을 둘 수 있다. 시대 상황에 따라서 그 넷 가운데 어느 것에 특히 문제가 많아 해결하는 데 힘써야 하는 경우도 있다.

그 점을 문제삼기 위해 이 글을 쓰고자 하니, 상식 수준의 제목을 내걸고 뻔한 이야기나 하고 만다고 우려하지 않아도 좋다. 말듣기·말하기·글읽기·글쓰기 가운데 우리는 지금 어느 것에 특히 힘써야 마땅한가를 밝혀 논하고, 그 이유가 무엇인가 따지는 것이 지금부터 해야 할 일이다. 그렇게 하기 위해서, 말듣기와 말하기에 관해서 먼저 고찰하고, 글읽기와 글쓰기의 문제는 그 다음에 다루기로 한다. 멀리서 출발해서 가까이 오는 방법을 택해, 외국어 학습에서 논의를 시작해, 자국어 글쓰기에 이르고자 한다.

한국인과 미국인이 서로 상대방의 언어를 공부할 때, 한국인은 영어를 글로 배우고, 미국인은 한국어를 말로 배운다. 한국인은 영어를 글로 배워, 듣고 말하기보다 읽고 쓰기를 더 잘한다. 미국인은 한국어를 말로 배워, 듣고 말하기는 잘해도 읽고 쓰는 능력은 모자란다. 한국인인 나는 영어를 듣고 말하는 데는 서투르지만 영어로 논문을 쓸 수 있으나, 한국어를 능숙하게 듣고 말하는 미국인이나 유럽인 한국학 전공학자 가운데 한국어 글쓰기가 가능한 사람은 드물다.

이런 차이는 왜 생겼는가? 원래 영어는 글로 배우는 언어이고, 한국어는 말로 배우는 언어이기 때문인가? 아니다. 전혀 그렇지 않다. 유럽인들은 영어를 으레 말로 배우는데, 동아시아 사람들만 영어를 글로 배운다. 일본인은 한국어를, 또는 한국인은 일본어를 글로 배워, 읽을 수는 있어도 말하지는 못하는 경우가 많은데, 미국인을 포함한 유럽인은 한국어나 일본어를 말할 줄 알면서도 글은 읽지 못하는 것을 흔히 본다.

그 이유는 유럽인은 외국어를 말로 배우고, 동아시아인은 외국어를 글로 배우는 전통이 있기 때문이다. 그런 전통은 중세 시기에 형성되었다. 유럽 중세의 공동문어인 라틴어는 글이기에 앞서 말이었지만, 동아시아 중세의 공동문어인 한문은 말은 아니고 글이었다. 라틴어는 말로 배우고, 한문은 글로 배우는 전통이 오늘날에까지 이어지고 있어서, 외국어 학습을 그러한 방식에 따라서 한다.

일본의 지식인이 영어를 한 마디도 말하지 못하면서 영어책을 읽어 이해한 것이 라틴어문명권에서는 없던 일이다. 그런 前代未聞의 기이한 일을 아주 열심히 해서, 일본이 근대화하고, 선진화할 수 있었다. 제2차 세계대전 이후에 일본에서 영어를 말로 배우기 위해서 엄청난 투자를 해도 뚜렷한 효과가 없다. 영어를 모국어로 한 교사들을 다수 초빙해 일본에서 일생을 보내면서 가르치도록 했다. 그래도 뜻한 바를 이루지 못했다. 일반 국민은 말할 것도 없고, 일본에서만 공부한 학자들은 아무리 뛰어난 인재라도 거의 다 영어를 듣고 말하지 못한다.

일본에서는 실패한 일이 한국에서는 성공한다는 보장이 있는가? 한국인은 일본인보다 혀가 더 잘 돌아가 영어 발음을 하는 데 유리하다는 한 가지 차이점만 믿고, 영어를 말로 배우는 일이 한국에서는 가능하다고 기대를 걸 수는 없다. 영어를 말로 배워야 한다고 주장하는 것은 일본에서와 마찬가지로 한국에서도 무리이고 억지이다. 일본이든 한국이든 한문문명권의 전통을 이어받아 영어를 듣고 말하지는 못하면서 읽고 쓸 수 있다. 그 장기를 살리는 것이 마땅하다.

글읽기의 전통과 글쓰기의 전통

말배우기와 글배우기의 차이는 외국어 학습에서만 나타나는 것이 아니다. 자기 언어를 사용해서 연구발표를 할 때에도 분명한 차이가 있는 것을 거듭 확인할 수 있다. 연구발표를 유럽인은 말로만 한다. 작성해둔 원고가 있어도 들고서 읽기만 하고 배부하지 않는다. 말하고 듣고 하는 것이 발표이다. 그러나 일본인과 한국인은 글로 쓴 것을 배부하고 읽으면서 발표한다. 글로 쓴 것을 눈으로 보지 않고 말만 듣도록 해서는 발표가 되지 않는다.

그러면서 써서 배부하는 것이 서로 다르다. 일본인은 다루는 자료를 적어 배부하고 그 자료를 어떻게 읽고 이해하는가 설명하는 것이 상례이다. 한국인은 논문 전문을 써서 배부하고 시간이 모자라면 간추려서 설명한다. 일본인은 자료 독해를 발표하고, 한국인은 자기 생각을 발표한다. 그런 차이점 또한 오랜 전통에서 연유한다.

한문을 공부하면서 일본인은 글읽기에 힘쓰고, 우리는 글쓰기에 힘썼다. 한문을 원래의 어순에 따라 읽는 '順讀'과 자국의 어순으로 바꾸어 읽는 '顚讀'의 두 가지 독법이 한국과 일본에 각기 다 있었는데, 한국은 '순독'을, 일본은 '전독'을 택하고 다른 것은 버렸다. 글읽기를 정확하게 하는 데는 '전독'이, 글쓰기 수련을 위한 글읽기에는 '순독'이 유리하기 때문이다. 중국 고전에 대해서 일본은 전문에 대한 정확한 주해를, 한국은 내용의 일부에 관한 논의를 하는 데 각기 힘썼다.

일본의 한학자는 독해전문가이고, 한국의 한학자는 자기 글을 쓰는 작가였다. 일본에는 과거제도가 실시되지 않았으며, 한국의 과거에서 '製述'이라고 하는 글쓰기가 가장 긴요한 과목이었다. 과거공부를 대단하게 여기지 않는 선비는 천지만물의 이치와 사람의 도리를 스스로 논하는 글을 썼다. 그래서 수많은 문집이 남아 있다.

서세동점에 따라 유럽문명권의 책이 밀어닥치자 일본인은 글읽기의 장기를 크게 발휘해서 강독하고, 주석하고, 번역하는 데 힘썼다. 이룬 성과가 대단해서 유럽 각국보다 뒤지지 않았다. 유럽문명권의 학문이나 문학에 대해서 많은 것을 이해하고 받아들이는 대단한 성공사례를 이룩했다. 그럴 수 있었던 이유는 한문고전을 공부하던 방식을 '原書'라고 일컬은 유럽문명권의 책에다 적용했기 때문이다.

그러나 '원서'를 읽어 얻은 지식을 일본에서 자기 것을 창조하는 데 쓴 것은 아니다. 남들이 써 놓은 글을 그 자체로 따지고 옮기고 했을 따름이고, 거기 대응되는 자기 논의를 전개하지는 않았다. 이해하고 수용하는 단계를 지나면 창조를 하는 다음 단계에 들어서리라고 기대할 수 있으나 그렇지 않다. 일본이 최선진국이 되고 경제대국이 된 지금에 이르러서도, 과학기술이나 경제발전에 직접 소용되지 않는 이론적이고 창조적인 학문의 영역에서는 유럽문명권 추종자의 자세를 과거와 다름없이 견지하고 있을 따름이다. 그래서 일본의 학문은 "노예의 학문"이라고 스스로 질타하지 않을 수 없는 지경에 이르렀다.[2]

____

2) 일본인 학자 中村 元이 그렇게 말한 사실과 관련시켜 일본학문의 특징에 관해 논의하는 작업을 〈근대 극복의 과제와 한·일학문〉, 《한국의 문학사와 철학사》 (서울 : 지식산업사, 1996)에서 했다.

한국도 일본의 전례를 따라야 한다는 것은 잘못된 주장이다. 유럽문명권의 저작을 정확하게 읽어 이해하고, 충실하게 번역하는 데 힘쓴 것은 다시 생각하면 어리석다. 가능한 일이 아니고, 끝이 없다. 문화의 전통이 크게 달라 번역이나 소개를 정확하게 할 수 없다. 자기 체험과 동떨어진 내용을 깊이 이해하는 것도 가능하지 않다. 아무리 노력해도 부정확한 소개와 피상적인 이해에서 벗어날 수 없다.[3] 일본인이 그렇게 한 전례를 한국인은 뒤늦게라도 본받아야 한다고 하는 것은 동반자살 권유이다.

한국인은 글읽기를 잘 하는 데는 소질이 없다. 글을 정밀하게 읽어 정확하게 이해하려고 하지 않고, 대강 훑어보고 함부로 옮기는 탓에 오역을 많이 하고, 엉뚱한 말을 늘어놓기도 한다. 그 때문에 일본인과는 다른 길을 택하지 않을 수 없는 것이 오히려 다행이다. 일본인의 실패를 되풀이하지 말자. 우리가 이해한 대로 논의하고, 자기 관점에서 비판하면서, 거기에 대응이 되는 새로운 창조를 해야 한다. 글읽기에 힘쓰기나 해서는 유럽인은 물론이고 일본인도 따라갈 수 없고, 글쓰기를 대응책으로 삼아야 맞설 수 있고 앞설 수 있다. 그 길로 나아가 인류의 지혜를 더욱 향상시키는 과업을 담당해야 한다.

지금까지 한국에서 글읽기에 치중하는 교육을 해온 것은 일본의 풍조를 그대로 받아들인 식민지 시대의 상처가 심각한 데 그 이유가 있다. 계속 그렇게 해서는 광복을 얻었다고 할 수 없고, 노

---

3) 헤겔철학의 번역을 예로 들어서, 유럽문명권철학을 일본어로 번역해서 이해하고, 번역된 용어를 사용해서 가공품을 만드는 것이 얼마나 헛된 노력인가 〈우리 말로 철학하기의 세계사적 과업〉, 《인문학문의 사명》(서울 : 서울대학교출판부, 1996)에서 논했다.

예의 학문을 하는 데서 벗어나지 못한다. 이제 글읽기 교육에서 글쓰기 교육으로 방향을 바꾸어야 한다. 그래서 학문의 주인이 되어야 한다. 그럴 수 있는 능력을 키운 조상 전래의 노력이 헛되지 않게 해야 한다.

대학에서 새삼스럽게 고전읽기 교육에 힘쓰자는 것은 부적절한 처방이다. 고등학교 때까지 독서를 게을리한 잘못을 바로잡으려고 하는 의도는 모르는 바 아니지만, 그렇더라도 대학에서는 창조하는 작업을 해야 한다. 역사의식을 가지고 현재의 상황을 분석해서 미래를 설계하는 이상적인 방안을 제시해야 한다. 이제 고전읽기에서 고전쓰기로 나아가야 한다. 인류의 고전이 될 만한 책을 쓰는 것을 목표로 해야 한다. 읽기는 하지 말자는 것은 아니다. 쓰기를 위해서 필요한 읽기를 해야 한다.

글읽기에서 글쓰기로 나아가 수입학을 창조학으로 바꾸어놓아야 한다. 유럽의 언어를 말하지 못하면서 잘 읽고 이해한 것은 세계 최초로 이룩한 일본인의 기적이다. 그러나 이제 그 기적의 시효가 끝났다. 유럽문명권을 배우고 따라야 하는 시기를 지나서, 유럽문명권과 맞서는 동아시아문명권의 창조력을 발휘해 인류문명을 더욱 발전시키는 데 적극 기여해야 한다. 그런 저작을 써내야 할 때가 되었다.

글읽기의 방법과 글쓰기

글읽기의 방법으로서 널리 권장되고 있는 것이 '빠지면서 읽기'이다. 글을 잘 읽으려면 자기를 잊고 글에 빠져 들어가라, 그래야 이른바 讀書三昧의 경지에 이를 수 있다. 이런 말로 설명되는 '빠지면서 읽기'가 최상의 독서법으로 행세하고 있다. 그러나 자기를 잊고 책에 빠져 들어가라고 하는 것은 잘못이다. 빠져 들어가면 이해되지 않는다. 독서는 유희에 탐닉하는 행위가 아니다. 독서는 유희가 아니므로 자기의 경험, 상상, 주장 등을 넓고도 깊게 불러일으켜야 한다. 그렇게 하면서 저자와 토론을 해야 비로소 읽어서 이해하는 흥미가 생긴다.

유희에 가까운 성향을 지닌 책이라면 어느 정도 자기를 잊고 빠져 들어갈 수 있다. 그러나 쟁점이 많은 문제에 대해서 진지한 논의를 펴는 책은 그럴 수 없다. 어느 책이든 '빠지면서 읽기'를 하는 것이 마땅하다는 주장은 이해되지 않아 즐길 수 없는 책을 무조건 숭상하라고 하는 그릇된 지침이다. '빠지면서 읽기'를 할 수 있는 책은 읽지 않아도 그만이다. 그렇게 읽을 수 없는 책이라야 읽을 가치가 있다.

글읽기의 마땅한 방법은 '따지면서 읽기'이다. '빠지면서 읽기'와 '따지면서 읽기'는 자음 하나 차이밖에 없어 비슷하게 보이는 말이지만, 뜻하는 바는 반대이다. 책 속에 빠져 들어가 저자에게 휘둘리지 말고, 정신을 단단히 차리면서 책의 내용에 관해서 저자와 대화하고 토론하고 반론을 제기하기도 하는 것이 '따지면서 읽기'이다. 그래서 자기 자신을 잊지 않고 발견해야 책을 읽을 흥미가 생기고, 책이 이해되고, 책을 읽은 보람이 있다.

그러나 '따지면서 읽기'가 최상 형태의 독서는 아니다. 거기서 한 걸음 더 나아가 '쓰면서 읽기'에 이르러야 한다. '따지면서 읽기'를 다른 말로 일컫은 비판적 독서가 바람직하다고 하는 것은 부족한 소견이다. 비판을 하면 대안이 있어야 한다. 비판을 하는 데 그치지 말고 대안을 글로 써야 한다. 그렇게 해야 글읽기에서 글쓰기로 나아갈 수 있다. 마음속으로 쓰다가 실제로 쓰는 데 이르러야 글읽기가 끝나고 글쓰기가 시작된다.

《우리 학문의 길》에서 '따지면서 읽기'에 대해 주장하면서 헤겔의 철학은 부정을 통해서만 이해된다고 했다. 그런데 崔漢綺의 《氣學》을 다시 읽다가 그렇게 말하고 마는 것은 생각이 모자라는 탓임을 알았다. '쓰면서 읽기'가 가장 바람직한 독서법이라고 한 최한기의 지론을 발견하고, 소스라치게 놀라 글쓰기로 대응하기로 했다. 최한기의 지론을 받아들여 글쓰기 방법을 재론한 〈최한기의 글쓰기 이론〉을 써서, '쓰면서 읽기'에 관한 고금합작의 이론을 만들었다.[4]

'쓰면서 읽기'를 하기 위해서는 책을 독파할 필요가 없다. 남의 글을 읽으면서 자기 글을 생각하다가 생각이 여물면 글읽기를 그만두고 글쓰기를 하면 된다. 그렇게 하는 것은 글읽기를 존중하는 풍토에서는 용납될 수 없는 일이다. 자기 생각을 하면서 남의 글을 읽으면 오독을 하게 되고, 읽다가 만 책을 제대로 알았다고 할 수 없다. 그러나 자기 글을 자기가 쓰기 위한 자극제나 토론거리를 찾기 위해서 독서가 필요하다고 하면 문제될 것이 없다.

세상에 책이 너무 많고 또한 계속 나와 다 읽는 것은 불가능하다. 글읽기에는 완성이 없고 빈약한 출발이 있을 따름이다. 그러나 '쓰면서 읽기'에서 글쓰기로 넘어가면 자기 글을 써서 그것대로 완성할 수 있다. 글의 소비자에서 생산자로 자리를 바꾸어, 인류문명을 발전시키는 데 동참할 수 있다.

'빠지면서 읽기'를 하고 쓴 글은 감상문이다. 전문학자라는 사

---

4) 그 글이 《한국의 문학사와 철학사》에 수록되어 있다.

람들은 자세한 내용을 갖춘 예찬문을 책으로 써내서 우상숭배를 요구할 수 있다. 그런 생각을 가지고 주석이나 번역을 한 것들도 있다. 그 모든 일이 일본인의 장기이다. '따지면서 읽기'를 하고 쓴 글이 책이 된다면 비판적 검토와 분석이 있어서 연구서로 평가될 수 있다. 유럽문명권에는 그런 책이 많이 나와 있어 일본보다 학문 수준이 높다고 할 수 있다. '쓰면서 읽기'를 거쳐 이루어진 책은 사상을 창조하고, 학문의 역사를 바꾸어 놓고, 새로운 독자를 찾아 전에 없던 감동을 준다. 그것이 우리가 쓸 책이다.

세 가지 글쓰기

오랫동안 글쓰기를 문학창작이라고 하고, 문학창작의 방향을 잘못 잡아 많은 폐단을 자아냈다. 문학하는 것은 말을 잘 다루는 별난 활동이라 하고, 그런 소질이 있는 사람을 가려내려고 했다. 내용은 없고 수식만 있는 미문을 쓰라고 했다. 李泰俊의 《文章講話》 같은 그릇된 교본이 유행해서, 이치는 따지지 않고 감각을 추구하는 일본풍의 미문을 쓰도록 유도한 것은 크게 잘못된 일이다. 그것은 국어공부의 바른 길이 아니다. 그 때문에 글쓰기가 망쳐지고, 문학창작도 그릇되었다.

문학창작과는 다른 논술을 글쓰기의 새로운 방안으로 삼은 것은 잘한 일이다. 누구나 인정할 수 있는 증거를 대면서 이치를 따지고, 주장을 펴는 글을 쓰는 것이 마땅하다. 논술을 대학입시의 과목으로 택하고, 그 비중을 높인 것은 크게 환영할 만하다. 그렇지만 지금 유행하고 있는 논술은 논리의 형식을 갖추는 술수를 터득하게 한다.

　문법에 맞게 쓴다고 좋은 글이 될 수 있는 것은 아니며, 논리만 갖춘다고 논술을 잘할 수 있는 것도 아니다. 문법을 가르칠 때 특별한 내용이 없는 문장을 예증으로 들듯이, 논리학 교육을 위해 동원되는 자료는 타당성이 공인된 진술이다. 그런 문장으로 그런 진술을 하면 죽은 글을 쓸 따름이다. 타당성을 스스로 입증하지 않을 수 없는 새로운 주장을, 문법과 논리의 규칙을 휘어잡아 활용하면서 풀어내야 참다운 글을 쓸 수 있다.

　논술문을 잘 쓰는 요령을 지도하고 익히는 동안에 창의력이 없어진다. 그저 모범문형을 외게 한다. 강의시간에 대학입시에서 논술이 채택된 것이 잘된 일이라고 하자 한 학생이, "선생님 몰라도 한참 모르십니다. 논술은 외는 것입니다"고 말했다. 논술을 출제하고, 지도하는 사람들이 그렇게 만들었다. 출제방법을 바꾸느라 수고를 많이 하지만, 교수란 사람들 자신이 창의적인 글을 써서 자기 주장을 펴지 않으면서 남들에게 요구할 수는 없다.

　창의적인 사고능력을 기른다고 표방하는 논술이, 남들이 하는 말을 따라가는 수입학문을 지속시키는 데 기여한다. 신문논설 수준의 글을 쓰게 해서 사고수준을 낮추고, 이구동성으로 말하는 것이 진리라고 하는 잘못을 저지른다. 지금의 논술을 그대로 두어서는 글쓰기 때문에 글쓰기를 망친다고 하지 않을 수 없어, 방향을 바꾸어야 한다.

　창의적인 사고는 자기 나름대로 체험하고, 상상하고, 주장하는 바가 있어야 가능하다. 지금까지 누구도 생각하지 못한 일을 자기 나름대로 말해야 살아 있는 글을 쓸 수 있다. 그렇게 하는 길을 여는 글을 스스로 써서 모범을 보이는 교사가 학생들과 함께 쓴 글을 서로 주고받으면서 토론하고 수정하는 훈련을 함께 하는 것이 바람직한 방안이다.

이제 문학창작과 논술문 쓰기에서 각기 보이는 두 가지 잘못을 다 넘어서는 길을 찾아야 한다. 창작이 논리이고, 논리가 창작이게 해야 한다. 스스로 체험해서 절실하게 깨달은 바를 글로 나타내서 신선한 충격을 주면서 생각을 바꾸어 놓아야 한다. 주관과 객관의 만남을 통해서 그 둘이 하나가 되는 결과를 제시해야 하고, 철학글쓰기와 문학창작을 통합하는 것을 목표로 삼아야 한다. 철학은 철학의 존재의의에 관한 공연한 옹호론을, 개념 규정을 연속시키면서 전개하는 데 머무르고, 문학창작은 사소한 관심사에 대한 피상적인 관찰을 특징으로 하는 잘못을 시정해야 마땅하다.

글쓰기의 방향을 바로잡기 위해서 지난 시기 명문의 유산을 되돌아 보아야 한다. 《文章講話》의 저자는 문학사의 전개에 대해서 모르는 탓에 한문으로 쓴 글은 상투적인 표현의 본보기라고 매도했다. 오늘날 논술 출제와 지도에서 최고의 역량을 보인다고 자부한 한국철학회의 석학들은 우리 글의 전통을 되돌아볼 필요가 없다고 여길 만큼 유식해 유럽의 언어로 쓴 명문을 번안하는 것이 최상책이라고 여긴다. 그런 잘못을 시정하고, 우리가 물려받은 글쓰기의 잠재적인 능력을 확인하기 위해서 고전명문을 찾아보자.

李奎報의 〈問造物〉, 金時習의 〈南炎浮洲志〉, 朴趾源의 〈虎叱〉 같은 것들은 독자에게 계속 새로운 도전을 하는 명문의 좋은 본보기이다.[5] 그런 글은 일반독자는 물론이고, 뜻하는 바를 다 알고 평가했다고 하는 연구자들도 우롱하고 있다. 논리와 체험, 사유와

---

5) 《독서·학문·문화》(서울 : 서울대학교출판부, 1994)의 〈고전명문의 새로운 도전〉에서 그 글 세 편에 관해 고찰하고 명문이란 어떤 글인가 논했다.

형상, 주장과 호소가 하나가 되어 있다. 문학작품이면서 철학논문이다. 그러면서 그 둘의 관습에서 모두 벗어난 자유로운 창조물이다. 우리 선조들이 그런 글을 많이 써서 방대한 유산을 남긴 것이 무엇보다도 자랑스럽다. 그런 글을 다시 쓰고 더 잘 써서, 세계의 학문과 문학을 새로운 차원으로 올려놓는 데 힘쓰자.

우리 선인들의 글은 우리가 물려받은 글쓰기 능력을 확인하고, '쓰면서 읽기'를 위한 소재가 되는 두 가지 의의가 있어 우선적으로 돌보자는 것이다. 그래서 근본이 다져지면, '쓰면서 읽기'를 위해서 필요한 본보기와 반론의 대상은 밖에서도 널리 구해야 하는 것이 마땅하다. 여러 문명권의 고전을 찾아 읽으면서, 고전을 다시 창조하는 방안을 연구하는 데 써야 한다. 내가 지금 세계문학사에 관한 광범위한 탐구를 하는 작업이 그것과 관련되어 있다.

이름을 날리는 글이라 해서 모두 명문인 것은 아니다. '빠지면서 읽기'는 거부하고, '따지면서 읽기'에 머물지 못하도록 하고, '쓰면서 읽기'를 하지 않을 수 없게 하는 글이라야 명문이다. 이 글 또한 '쓰면서 읽기'를 하지 않을 수 없기를 바란다. 독자가 격분해 반론을 제기하지 않을 수 없게 하기라도 했으면 하고, 그럴 수 있는 최소한의 요건을 갖춘다.

과제 확인

문명권에 따라서 민족에 따라서 사람들의 취향이 다르고 잘 하는 일에 차이가 있는 것은 당연하다. 유럽인은 말배우는 데, 동아시아인은 글배우는 데 장기가 있고, 일본인은 글읽기를 잘하고 한국인은 글쓰기를 잘하는 것이 그런 차이점이다. 누구든지 만능일 수 없으며, 한 쪽에 장점이 있고, 다른 쪽에는 단점이 있는 것이 서로 반대가 되어 세상은 공평하다.

그러면 장점을 살려나가는 데 더욱 힘쓸 것인가, 아니면 단점을 고치는 일부터 할 것인가? 이것이 문제이다. 남들의 장점을 자기도 갖추지 못한 것은 단점이라고 하고, 그런 단점부터 고쳐야 한다면서 남들이 하는 일을 본뜨는 데 힘쓰는 것은 부작용이 큰 헛수고이다. 기대하는 성과에 이르지 못하고, 자기 장점은 알지 못해 묻어 버리고 죽이는 결과에 이른다. 이광수류의 민족개조론을 배격해야 하는 이유가 바로 거기 있다. 자기 장점을 살리는 것이 자기를 위하는 길이고, 남들에게 도움을 주는 방법임을 알아야 한다.

한국인은 유럽인과 견주어 보면 말배우기보다 글배우기를 더 잘하고, 일본인과 견주어 보면 글읽기보다 글쓰기를 더 잘한다는 사실에서 한국인은 글쓰기에 더욱 힘써야 한다는 결론이 당연히 도출된다. 누구든지 타고난 장기를 살리면 자기 자신에게 도움이 될 뿐만 아니라, 다른 사람들을 위해 널리 봉사할 수 있다. 말하기를 잘하는 유럽인이 세계를 돌아다니면서 이룩한 업적을 가져다 쓰고, 글읽기를 잘하는 일본인이 전해준 지식에도 도움을 받았으므로 이제 신세를 갚아야 한다. 글쓰기를 잘하는 능력을 발휘해야 그럴 수 있다. 글쓰기의 특성을 살리는 문화를 창조해야 그럴 수 있다.

말배우기에서는 상황에 따른 가변적인 용도를 소중하게 여기지만, 글배우기에서는 불변의 가치를 추구한다. 글읽기를 할 때에는 세분해서 따지기를 잘해야 하는 것처럼, 글쓰기에서는 창조적인 종합능력이 필수적이다. 한국에서 동아시아로, 동아시아에서 세계로 나아가면서, 한국의 고전이자 동아시아의 고전이고, 동아시아의 고전이자 세계의 고전인 명저를 쓰는 데 힘을 기울여야 한다. 문학과 철학 양면에 걸친 사상의 역사를 바꾸어 놓아야 그렇게 할 수 있다.

작품이면서 논문이고, 문학이면서 철학인 글을 쓰는 데 힘쓰라고 학생들에게 교육하기 전에 학문을 한다는 사람이나 창작을 한다는 사람들이 그렇게 해야 한다. 그렇게 하면서 학문의 비약적인 발전과 문학창작의 놀라운 변모를 보여주어야 한다. 문학을 가르치면서 문학교육을 논하는 사람들이 문학의 특수성을 강조하지 말고, 문학이야말로 인생만사에 대한 종합적이고 총체적인 논의를 새롭게 하는 창조물임을 명시해야 그럴 수 있다. 철학교수는 철학을 독해학이나 수입학으로 여기는 잘못을 시정하고, 자기 체험에 입각해서 이치를 스스로 따지는 글을 누구든지 주저하지 않고 아무 두려움 없이 쓰도록 하는 데 스스로 모범을 보여야 한다.

한국어 글쓰기를 그렇게 하는 것으로 모든 일이 끝나지 않는다. 외국어로도 그런 글을 써야 한다. 한국어로 쓴 글을 외국어로 번역하기만 해서는 기대하는 효과를 나타낼 수 없다. 외국어 글은 별도로 쓰면서, 같은 원리를 그 언어에 맞는 방식으로 구현해야 한다. 어법을 수정하기 위해서 외국인의 도움을 받는 것은 당연한 일이다. 그러나 글의 기본구상과 전개방식은 자기 스스로 창안해야 한다.

인류의 고전을 다시 쓰자는 것을 목표로 설정하고 교육을 하자. 누구든지 높게 가진 뜻을 한둘만 이루었다고 해서 다른 사람들이 무슨 손해를 보는가? 올라가다 말았어도 대단한 경험을 한 것이다. 대단한 경험을 한 사람이 많아 뜨거운 성원을 보내야 꼭지점까지 올라가는 모험이 성취될 수 있고, 그 보람이 더 커진다.

다시 쓰는 인류의 고전은 세계사의 방향을 제시해야 한다. 유럽문명권중심주의를 극복하는 대등의 세계상을 구현하고, 근대를 넘어서서 다음 시대를 창조하는 미래상을 제시하는 것을 특히 긴요한 임무로 삼아야 한다. 학술적 가치와 실제적인 효용을 아울러 갖추고서, 독자를 널리 끌어들여 깊은 감동을 주어야 한다.

신명풀이의 창조정신[1]

문제 제기

　한국민족의 민족성은 어떤가? 이런 질문에서 시작된 민족성론은 민족성 우열론으로 치달았다. 일본인의 민족성은 우수하고 한국인의 민족성은 열등하니 개조해야 살아날 수 있다고 하는 이광수류의 민족개조론으로 민족성 우열론이 구체화되어, 민족개조가 이루어지지 않는 데 대한 자탄과 자학에 귀착하는 것이 상례였다. 이제는 그렇게까지 비관할 필요가 없다고 여겨, 민족성에 관한 질문을 하지 않는다.

　한국인의 정서는 어떤 특징이 있는가? 질문을 이렇게 바꾸면, 문학이나 예술활동에서 증거를 찾아 차분한 논의를 시작할 수 있다. 그래서 나온 견해의 하나가 한국인의 정서는 '恨'을 특징으로 한다는 것이다. 그런데 '한'이란 한국인 정서의 일면이기는 해도

---

1) 이 글은 고려대학교 민족문화연구원에서 한국인은 누구인가 하는 문제를 내걸고 개최한 학술회의에서 발표했다. 원래 제목은 〈신명·신바람·신명풀이〉였다.

전면은 아니며, 식민지시대에 겪은 좌절 때문에 지나치게 확대되었으며, 필요 이상 강조되고 있다. 이제 '한'타령을 그만둘 때가 되었다.

한국인의 정서를 '멋'이라고 하는 말을 많이 들을 수 있었다. '멋'은 '恨'보다 긍정적인 개념이어서 환영할 만하다. '한'타령은 그만두어도, '멋'타령은 그만두어야 할 이유가 없다. 그런데 '한'과 '멋'이 어떤 관계에 있는가 하는 문제는 다루지 않았다. 그 문제를 해결해야 '한'타령을 그만둘 수 있고, '멋'이 지닌 특징과 의의를 좀더 명확하게 인식할 수 있다.

또한 '멋'이란 한국인이 살아온 삶 전체에 관한 말은 아니다. 예술창작을 하거나 여가생활을 하는 등의 '놀이'에서는 '멋'을 찾았다고 하자. 일을 할 때에는 어떻게 했는가? 이런 문제가 다시 제기된다. 한국인은 '멋'이나 찾다가 '일'은 제대로 하지 않아 망한다고 우려하면, 무어라고 대답해야 할 것인가?

지금 제기되고 있는 절박한 문제는 "한국인은 어떨 때 열심히 일하는가?" 하는 것이다. 열심히 일해야 살아갈 수 있다는 것은 언제나 그랬던 불변의 진리였지만, 지금 사태가 심각하다. 경제개방을 강요해 무한경쟁에 끼어들게 하는 국제관계에서 살아남기 위해서는 열심히 일해야 한다. '한'타령이나 하고, '멋'이나 찾아서는 경제식민지 상태에서 벗어나지 못한다.

열심히 일해야 주권을 수호하고, 경제를 발전시키고, 통일을 이룩할 수 있다. 그 문제를 경영학에서 맡아 인사관리의 기법으로 해결하려고 하면서, 미국이나 일본에서 경험한 바를 정리한 남들의 이론을 가져와서 처방으로 삼는다. 미국인은 돈을 더 준다면 열심히 일한다. 일본인은 높은 사람이 알아주면 열심히 일한다.

그런데 한국인은 "돈을 더 주는 것, 치사하다", "높은 사람, 자기는 무언데" 하면서 반발한다.

미국경영학이나 일본경영학이 무력해져 물러나는 자리에 한국경영학이 등장해야 하는데, 한국의 경영학은 있어도 한국경영학은 없다. 그래서 대학에서도 기업에서도 정부에서도 미국경영학과 일본경영학이 경합을 벌인다. 한국경영학은 경영학에서 독자적으로 마련할 수 없어, 국학에서 제공해야 한다. 국학에서 선도해서 연구하는 성과를 받아들여 한국경영학을 이룩해야 한다. 미국경영학을 수입하기 위해 미국으로 유학하는 것보다 한국경영학을 생산하기 위해서 국내에서 국학을 공부하는 것이 이제 더욱 긴요한 과제이다. 경영학뿐만 아니라 경제학, 정치학, 사회학 등의 사회학문의 여러 분야, 더 나아가서 자연학문·기술학문까지도 그렇게 해야 한다.

그러나 다른 학문에서 국학의 연구성과를 가져가려고 하지 공부하지 않는다고 나무라기만 할 것은 아니다. 가져갈 만한 연구성과를 축적했는가 반성해야 한다. 사회학문이나 자연학문 전공자가 국학연구의 자료를 스스로 뒤져서 기초적인 연구부터 스스로 하라는 것은 무리이다. 국학연구에서 이미 해놓은 연구를 가져가서 가공하고 응용하면 된다. 그렇게 쓸 수 있는 연구를 해놓지 않은 것은 국학자의 잘못이다.

"한국인은 어떨 때 열심히 일하는가?" 하는 질문이 국학자에게 주어져 있다. '한'이나 '멋'을 가지고 이 문제에 대해 대답할 수 없으므로 새로운 탐구를 해야 한다. 새로운 탐구의 과제도 이미 주어져 있다. "한국인은 신명이 나야 열심히 일한다"는 것이 널리 인정되고 있는 해답이다. 그래서 '신명'·'신바람'·'신명풀이'라는 말을 많이 한다.

그렇지만 '신명'·'신바람'·'신명풀이'란, (가) 다른 정서와 어떤 관계를 가지고 있으며, (나) 그 원리나 특징이 무엇이고, (다) 어떻게 하면 발현되는가 밝혀지지 않았다. 신명이 그 자체로 발동될 따름이고, 신명에 대한 인식과 평가, 설계와 예견은 이루어지지 않고 있다. 그래서 그 모든 과제를 감당하는 학문활동을 시작해야 한다. 신명을 인식대상으로 삼는 데 그치지 않고, 신명 난 창조가 이론 정립에서 이룩하는 결실의 좋은 본보기를 보이는 연구를 해야 한다.

신명·신바람·신명풀이의 상관관계

위에서 든 세 가지 과제 가운데 (가)에 관한 고찰을 하려면, 먼저 한과 신명의 관계를 문제삼아야 한다. 한국인의 정서가 '한'이라고 하는 견해는 한쪽으로 치우친 잘못이 있지 부당한 것은 아니다. '신명'은 '한'과 맞물려 있으므로, '한'을 '한'으로만 다루는 '한'타령은 그만두어야 하지만, '한'을 버리고 '신명'만 논하는 것은 적합하지 않다.

'한'은 '한'이고 '신명'은 '신명'이지만, '한'이 '신명'이고 '신명'이 '한'이다. '한풀이'가 '신명풀이'여서, '신명풀이'를 해서 '한풀이'를 넘어선다. '신명풀이'가 '신명풀이'이기만 해서는 공연히 들뜨기나 할 수 있으므로 '한풀이'에서 절실한 동기와 해결해야 할 과제를 제공한다. '한풀이'가 '한풀이'이기만 해서는 좌절과 자학에서 벗어날 수 없는 질곡을 '신명풀이'에서 시원스럽게 풀어버리고 창조적인 비약을 이룩한다.

‘멋’과 ‘신명’은 어떤 관계에 있는가? ‘신명’이 일의 영역이 아닌 놀이의 영역에서 가시적인 형태로 표출된 것이 ‘멋’이다. 일의 영역에서도 ‘멋’과 같은 것이 드러나지 않게 작용하고 있는데, 그것을 따로 지칭하는 말은 없다. ‘멋’이라고 하는 것과 따로 지칭하는 말이 없는 것을 함께 일컬어 ‘신명’이라고 한다고 보면, ‘신명’의 개념을 파악하고 특성을 논하는 길이 열린다.

‘신명’은 한자로 ‘神明’으로 적을 수 있지만, 한자의 뜻으로 이해하고 말 수는 없다. 한자의 뜻을 적절하게 풀이해서 “깨어 있고 밝은” 마음가짐이라고 하면 뜻하는 바에 근접했으나, 역동적인 움직임을 나타내지 못한다. “깨어 있고 밝은 마음가짐이 힘차게 움직이는 상태”라고 하면 좀더 핍진한 정의를 얻을 수 있다.

“힘차게 움직이는 상태”는 바람과 같으므로, ‘신바람’이라는 말을 쓴다. ‘신명바람’이라고 하면 번다하니 ‘신바람’이라고 줄여 일컫는다. ‘바람’은 여기저기 불어닥친다. 각자의 내면에 있는 ‘신명’이 일제히 밖으로까지 나와 여럿이 함께 누리는 것을 ‘신바람’이라고 한다. ‘신바람’이란 신명이 발현되는 사회의 기풍이라고 할 수 있다.

‘신명풀이’란 “신명을 풀어내는 행위”이다. 안에 있는 ‘신명’을 밖으로 풀어내는 행위를 여럿이 함께 한다. ‘신명풀이’는 ‘신명’을 각자의 주체성과 공동체의 유대의식을 가지고 발현하는 창조적인 행위라고 규정할 수 있다. 그러므로 ‘신명’이나 ‘신바람’보다 ‘신명풀이’가 더욱 긴요한 연구대상이다.

사람이 일을 해서 무엇을 창조하는 행위를 하는 것은 자기 내부의 ‘신명’을 그대로 가두어 둘 수 없어서 풀어내야 하기 때문이다. ‘신명’을 풀어내는 과정에서 창조가 이루어진다. 그래서 어떤 실제적인 이득을 가져오는가 하는 것은 나중에 판별할 문제이다. 세상을 유익하게 한다는 생각 없이 자기의 내면적인 요구 때문에 하는 자발적인 행위 그 자체가 바람직한 창조임을, 가치나 효용을 따지지 말고 인정해야 한다.

'신명풀이'를 하는 동기는 각자 자기 '신명'을 풀기 위해서이다. 그 점에서 누구든지 개별적인 존재로서 주체성을 가진다. 그러나 '신명풀이'는 여럿이 함께 주고받으면서 해야 풀이를 하는 보람이 있다. 자기의 '신명'을 남에게 전해주고, 남의 '신명'을 자기가 받아들여, 두 '신명'이 서로 싸우면서 화해하고, 화해하면서 싸워야 '신명풀이'가 제대로 이루어지고, 그 성과가 더 커진다. 대립이 조화이고, 조화가 대립이며, 싸움이 화해이고, 화해가 싸움인 것이 천지만물의 근본이치인 것을 '신명풀이'의 행위에서 절실하게 경험한다.

'신명'·'신바람'·'신명풀이'는 한국인만의 것이 아니다. 세계 모든 민족, 모든 국민이 공유하는 바이다. 그런데 한국인에게서 특히 두드러진 모습을 보이고 있다. 사람의 마음에는 신명이 아닌 다른 성향도 얼마든지 있고, 사람의 마음을 드러내서 예술행위로 구현하고 철학사상에서 논의하는 방식도 여러 가지 선택 가능한 것들이 있다. 그런데 한국인은 예술행위나 철학사상에서 신명에 관해서 특별한 의의를 부여한 특징이 있다고 생각된다.

과연 그런가 확인하기 위해서 비교연구가 필요하다. 비교연구의 자료로는 예술행위가 가장 큰 의의를 가진다. 예술행위는 마음가짐의 직접적인 발현이면서, 민족에 따라서 특이하게 조직화된 전통이 있어 그 특징이 뚜렷하다. 공리적인 효용을 생각하지 않기 때문에 남의 것을 쉽게 받아들이지 않는다. 예술행위 가운데 집단이 하는 것일수록, 전통이 뚜렷한 것일수록 그 점을 확인하는 데 더욱 유용한 자료가 된다. 전통극이 바로 그런 영역이다. 한국의 전통극 탈춤을 예증으로 삼아, 그 원리가 다른 곳의 전통극과 어떻게 다른가 고찰하는 것이 긴요한 과제이다.

철학사상은 한문으로 서술되고, 理氣心性을 논하는 용어를 중국철학과 함께 사용해서 한국의 독자적인 노선이 쉽사리 드러나지 않는다. 그러나 탈춤의 신명풀이를 고찰한 결과와 견주어 보면, 서로 연결되는 논의를 알아차릴 수 있다. 예술행위만으로는 부족한 논의를 철학사상에서 펴고, 철학사상에서는 보여주기 어려운 실례를 예술행위를 통해서 제시했다고 이해하면서 그 둘을 연결시키는 것이 필요하고 가능하다.

과거의 예술행위와 철학사상을 들어 신명풀이가 무엇이고 어떻게 이해되었던가 살피는 일은 그 자체가 목적이 아니고, 오늘날의 창조를 위해서 소중한 지침을 얻는 데 이르러야 한다. 오늘날의 창조 또한 예술행위와 철학사상 양면에서 이루어질 수 있고, 거기다 덧보태 사회조직이나 생산활동까지 생각해야 한다. 그 모든 영역에서 할 일을 설계하는 기본원리를 제시해야 한다.

신명풀이의 예술행위

연극에 관한 일반이론을 전개할 때 흔히 본보기로 삼는 고대그리스의 연극, 특히 그 가운데 비극은 '카타르시스'를 기본원리로 한다. 극중에서 벌어지는 참혹한 싸움의 불행한 결말을 보면서 관중은 자기 마음속에 있던 그런 느낌을 씻어내고, 마음이 정화되는 것을 경험한다는 것이 '카타르시스' 이론의 핵심이다.

연극에는 '카타르시스'와는 다른 '라사'의 원리를 구현하고 있는 것도 있다. 중세인도연극을 좋은 본보기로 한 '라사'의 연극에서는 적대적인 인물들끼리의 싸움이 아닌 우호적인 인물들끼리의 차질이 원만하게 해결되는 것을 보면서 관중이 우주적인 조화의 커다란 원리에 동참하도록 한다.

'카타르시스', '라사'와 대립되는 또 하나의 기본원리가 바로 '신명풀이'이다.[2] '카타르시스'에서는 적대적인 인물들끼리의 싸움을, '라사'에서는 우호적인 인물들끼리의 화합을 강조하는 것과 다르게, '신명풀이'의 연극에서는 적대적인 인물들끼리의 싸움이 화합에 이르도록 해서, 싸움이 화합이며 화합이 싸움인 원리를 구현한다. '신명풀이연극'에서는 관중이 연극 진행에 개입하면서 싸움과 화해의 당사자 노릇을 하는 점이 크게 다르다.

'카타르시스'·'라사'·'신명풀이'는 연극의 세 가지 기본원리이다. 고대그리스, 중세인도, 중세에서 근대로의 이행기 한국에서, 그 셋의 본보기를 보여준 것은 세 시대의 특징과 세 문명권이 지닌 세계관의 지향이 특히 선명하게 구분되기 때문이다. 다른 어느 곳에서 누가 하는 연극이라도 그 가운데 어느 하나이거나, 다른 성향도 함께 지닌 복합형인 것으로 확인되며, 네 번째로 들어야 할 기본원리는 없다.

문학이나 예술의 다른 형태는 언제나 있으면서 시대에 따른 변천을 보인 것과 다르게 연극은 있기도 하고 없기도 했다. 그리스

---

2) 《탈춤의 역사와 원리》(서울 : 홍성사, 1979 ; 기린원, 1988)에서 한국 탈춤의 '신명풀이'에 관해서 논한 다음에, 《카타르시스·라사·신명풀이—연극·영화미학의 기본원리에 관한 生克論의 해명》(서울 : 지식산업사, 1997)에서 세 가지 연극의 비교론을 전개했다.

연극은 고대에만 있고 중세에는 없었다. 인도연극은 고대에 없다
가 중세에 등장했다. 인도연극이 쇠퇴한 다음 시기인 중세후기에
중국·일본·인도네시아 등지에 연극이 나타났다. 한국은 그 대열
에 들어서지 못하고, 중세에서 근대로의 이행기 민속극을 힘써 가
꾸어 오늘날까지 전승하고 있다.

　선후의 차이를 들어 우열을 나누자는 것은 아니다. '라사'의 원
리와 '신명풀이'의 원리 사이의 관계가 문제이다. 인도뿐만 아니
라 중국, 일본, 인도네시아의 연극도 중세연극으로 등장하면서
'라사'를 기본원리로 삼았다. 중세에서 근대로의 이행기 중국이나
일본의 연극은 '신명풀이'의 요소를 받아들이기는 했어도 '라사'를
버리지는 않고 그 하위에 두었다.

　그런데 한국연극은 '라사' 시대를 거치지 않아 '신명풀이'로 일
관했다. '라사' 시대의 연극을 만들지 않은 것은 그 원리가 한국인
의 심성과 맞지 않았기 때문이라고 보아 마땅하다. '신명풀이'의
시대인 중세에서 근대로의 이행기가 오자 한국연극이 비로소 활
기를 띤 것은 한국인이 그런 성향을 지니고 있었기 때문이다. 한
국인은 '신명풀이연극'의 특징이 되는 마음가짐을 이웃 나라 사람
들보다 더욱 뚜렷하게 지니고 있다고 보는 근거가 바로 거기에
있다.

　'신명풀이연극'인 한국의 탈춤은 여럿이 함께 노래 부르고 춤을
추면서, 흥겨워하고 신명을 푸는 행위를 근거로 해서 이루어진다.
풍물패를 앞세우고 마을 사람들이 사방 돌아다니면서 함께 노는
행사가 탈춤의 기원이고 바탕이다. 놀이패가 한곳에 자리를 잡아
길놀이가 마당놀이로 바뀌고, 누구든지 참여하는 대동놀이에서
탈꾼들이 특별한 배역을 맡는 탈놀이로 넘어가면서 탈춤이 시작

된다.

모여든 사람이 누구든지 群舞에 참여해 "3, 4시간 氣가 盡하도록 亂舞하여 興이 하강할 때쯤 되면 후편인 가면무극으로 넘어간다"고 한 말을 보자.[3] 여기서 '興'이라는 말과 '氣'라는 말을 사용한 것을 주목할 필요가 있다. 사람이 지닌 기가 흥으로 발현된다고 했다. 군무에 참여한 사람들의 기가 다해서 흥이 떨어질 때가 되면, 탈꾼들이 나서서 기를 새롭게 발현해서 흥을 다시 돋운다고 했다.

탈춤은 탈꾼들 사이에서 벌어지는 싸움이다. 노장과 취발이, 양반과 말뚝이, 영감과 미얄 사이의 싸움이 어떤 의미를 가지는가는 이미 고찰했다. 탈꾼들이 그런 배역 노릇을 하면서 등장시킨 인물들은 함께 흥겨워하지 않고, 싸움의 전개에 따라서 흥하기도 하고 망하기도 한다. 그러나 탈춤 진행 도중에 이따금씩 탈꾼 모두 함께 춤을 추면서 즐거워한다. 일어서서 춤을 추면서 반주를 하던 풍물패 반주자들이 앉은 악사로 바뀐 다음에도, 그런 관습이 변함없이 이어져서, 탈춤 공연의 기본방식으로 정착되었다.

《봉산탈춤》의 〈양반과장〉에서 그 점을 확인할 수 있다. 거기서 양반이 말뚝이에게 호령하고 말뚝이는 항변을 하다가 양쪽이 다툼을 멈추고 함께 춤추며 즐거워한다.[4] 그런 전개의 실상을 확인하기 위해서 〈양반과장〉의 서두를 들어보자.

말뚝이와 양반 삼형제는 처음 등장할 때 함께 춤을 춘다. 한 과

---

3) 강용권, 《야류·오광대》(대구 : 형설출판사, 1977), 38면. 이에 관해 《탈춤의 역사와 원리》의 〈대방놀이로 하는 신명풀이〉에서 고찰했다.

4) 그런 전개방식을 《탈춤의 역사와 원리》의 〈양반과장과 구성의 원리〉에서 면밀하게 분석했다.

장이 '춤대목'에서 시작된다. 양반 삼형제가 말뚝이와 함께 등장한 곳은 놀이판이다. 하인과 함께 춤을 추면서 놀이판에 등장하는 것은 양반을 양반답게 하는 위엄을 부인하는 처사이다. 노장이 놀이판에 등장할 때 필요했던 복잡한 과정을 거치지 않고, 양반 삼형제는 아무런 절차 없이 놀이판에 등장한다.

그 이유를 밝히지 않고 생략해 버렸으니, 관중이 추측해서 알아내야 한다. 사람은 누구나 마음속에 '신명'이 있으니 풀어야 하고, 신분차별의 장벽을 넘어서서 누구나 평등한 것이 마땅하니 양반이 말뚝이와 함께 춤추고 노는 것이 당연하다고 하면 올바른 해답을 찾았다고 할 수 있다. 그러나 여러 단계를 거쳐 길게 추리하지 말고 한꺼번에 깨닫는 비약을 경험해야 관중도 '신명풀이'에 동참한다.

처음 '춤대목'에서는 말뚝이가 앞서서 양반을 인도하고 등장했다. 평등을 이룩해서 '신명풀이'를 함께 하는 일을 말뚝이가 선도해야 했기 때문이다. 양반과 말뚝이의 신분상의 위계질서를 부정하는 데 그치지 않고 역전시키기까지 해야 평등이 이루어진다. 그런데 양반 삼형제 가운데 막내인 악소년 도령이 형들의 면상을 부채로 치며 노는 것도 연령에 따르는 위계질서를 파괴하는 점에서 그것과 같은 의미를 지닌다고 하고 말면 피상적인 이해이다.

도령은 함께 춤을 추면서 경망스러운 태도로 남을 해쳐, 두 형들이 위엄을 차리느라고 감추어 두었던 허위의 깊은 층위를 드러내는 구실을 한다. '춤대목'에서 의식 차원의 문제가 해결되면서 무의식 차원의 문제가 표출된다. 그렇게 해서 '춤대목'의 화해가 화해이기만 하지 않고, 화해가 또한 싸움임을 일깨워준다.

말뚝이가 관중에게 양반 험담을 하는 말은 양반이 즐겨 쓰는 언사를 모방해 공격 효과를 높인다. 양반은 역임한 관직을 열거하면서 뽐내기를 잘하고, 상대방이 선뜻 알아차리지 못할 말을 할 때에는 어느 한자를 쓰는 말인가 밝혀 "…字에 …字 쓰는"이라고 해야 설명이 제대로 이루어진다고 믿는다. 그런데 열거한 관직에 "노론·소론"도 들어 있다. 관직이야 다다익선이지만, "노론"을 하다가 "소론"을 하는 지조 없는 짓은 해서는 안 된다. "양반"이라는 말이 "개잘량이라는 양 자에 개다리소반이라는 반 자"로 이루어졌다고 하는 것은 그보다 더 심한 억설이지만, "양반=개"라는 등식을 들어 양반을 경멸하는 공격을 하는 데 큰 힘을 발휘한다.

양반은 그렇게 공격하는 말을 대강 듣기는 했으므로 호령을 하지만, 제대로 알아듣지 못했으므로 말뚝이의 변명을 듣고 안심해서 '춤대목'으로 들어간다. 등장인물들이 함께 즐거워하는 '춤대목'에서 연극이 중단되는 것은 아니다. 대사를 주고받아서는 도무지 나타낼 수 없는 깊은 의미가 구현된다.

양반과 말뚝이는 서로 싸울 필요가 없음을 알고 화해하는 춤을 추자는 데 합의해 함께 춤추며 즐거워하는데, 그 이유는 서로 다르다. 양반은 말뚝이를 호령해서 제압했으므로 만족해하고 평화를 구가하지만, 말뚝이는 양반에 항거해 승리를 거두었으므로 즐거워하는 것이다. 그런 동상이몽의 균형을 관중이 개입해서 깨버린다. 관중은 양반의 착각을 보면서 재미있어 하고, 말뚝이와 함께 승리를 구가한다. 양반은 그런 사태를 이해하지 못해 패망하지 않을 수 없게 된다.

탈놀이에서 진행되는 싸움이 바라는 방향에서 진행되고 해결되는 것이 관중으로서는 더욱 흥겹고 신나는 일이다. 관중이 줄곧 연극 진행에 개입하기 때문에, 탈놀이가 대동놀이로 진행되어, 싸움의 승패를 나누는 데서 '신명풀이'가 최고조에 이른다. 탈놀이가 끝난 다음에도 시작하기 전과 마찬가지로 관중 모두가 나서서 함께 춤을 추는 난장판 군무를 벌이면서 탈놀이에서 이룩한 승리를 구가한다. 그러나 상하나 우열을 뒤집어 패배자를 조롱하고 박해하자는 것은 아니다. 그런 구별이 원래 있을 수 없어 대등하고 평등하다는 것을 함께 춤을 추면서 재확인한다. 그래서 싸움이 화해이고, 극복이 생성임을 입증한다.

한국의 '신명풀이연극'은 그리스의 '카타르시스연극'과 마찬가지로 적대적인 관계의 승패를 문제삼는다고 하겠으나, 승패가 바람직하게 이루어지는 점이 다를 뿐만 아니라, 패배자의 고통은 보여주지 않는다. 노장·양반·영감은 패배를 겪으면서 자기네들 또한 승리자가 되었다. 허위를 거부하고, 진실을 되찾은 기쁨을 누리는 데 동참해서 그렇게 될 뿐만 아니라, 서로 나누어져 싸우는 것이 허위라고 배격되어 아무런 구분이 없는 대등하고 조화로운 관계가 이루어지기 때문이다. 그래서 싸움의 부정이 최대의 승리임을 분명하게 하는 과정이 탈놀이가 끝난 다음의 군무이다.

탈춤 전체는 세 부분으로 이루어져 있다. 이제 각 부분을 지칭하는 용어를 확정해서 정리를 해보자. 서두에 '앞놀이'가 있고, 중간에 '탈놀이'가 있으며, 나중에 '뒷놀이'가 있다. '앞놀이'와 '뒷놀이'를 할 때에는 놀이패와 관중 사이에 아무런 구별이 없이, 모두 대등한 자격으로 함께 어울려 춤을 추면서 즐거움을 나눈다. '탈놀이'를 할 때에는 탈을 쓴 놀이패가 등장인물들의 배역을 나누어 하면서 서로 싸우고, 관중은 관중석에서 구경하면서 그 싸움에 이따금 개입한다.

'탈놀이'가 진행되는 동안에 일정한 간격을 두고 '춤대목'이 있어, 서로 싸우던 등장인물들이 함께 어울려 춤을 춘다. 관중이 '앞놀이'와 '뒷놀이'에 참여하고, '탈놀이'에 개입하고, '춤대목'의 의미를 자기 나름대로 해석할 수 있는 재량권을 갖고 있다. 탈춤이 완성되어 닫힌 구조일 수 없고, 미완성의 열린 구조인 원리가 그런 세부에서까지 잘 갖추어져 있다.

'춤대목'에서는 등장인물들이 싸움을 멈추고 함께 즐거워하는데, 그렇게 해야 한다고 판단하는 이유가 각기 다르다. 양반은 자기가 말뚝이를 눌러서 이겼다고 즐거워하고, 말뚝이는 자기가 양반을 속여서 이겼다고 즐거워한다. 관중은 그런 사정을 명확하게 알 수도 있고, 그렇지 않을 수도 있다. 그래서 '춤대목' 자체에서 싸움이 화해이고, 화해가 싸움이다.

다시 '춤대목' 앞뒤에서 벌어지는 '탈놀이'의 싸움과 '춤대목'의 화합, 다시 '탈놀이'의 싸움과 '앞놀이', '뒷놀이'의 화합을 함께 보여주어 싸움이 화합이고, 화합이 싸움임을 알려준다. 그 양쪽이 둘이면서 하나이고, 하나이면서 둘임을 명시한다. 그 둘이 둘이라고 보는 관중에게는 하나임을 일깨워주고, 하나라고 보는 관중에게는 둘임을 일깨워주는데, 관중은 거기 맞서서 자기 주장을 편다. 그렇게 하는 것이 싸움을 싸움답게 하면서 싸움을 없애 해결하는 방법이다.

신명풀이의 철학사상

탈춤에서 벌어지는 것과 같은 신명풀이 방식의 싸움은 일찍이 元曉가 문제삼았다. 원효는 〈金剛三昧經論〉 서두에서, '有·無', '眞·俗', '一·二', '中·邊'이 둘이 아니고 하나이며, 하나가 아니고 둘이라는 이치를 밝힌 것을 그렇게 이해할 수 있다.[5] 한문으로 글을 쓰면서 중국의 전례에 따라 불교나 유교의 철학을 전개하고, 기존의 용어와 사상을 재정리하는 작업을 하면서 한국인의 '신명풀이' 의식에 근거를 둔 논의를 전개하는 일이 계속되어, 한국철학사의 독자적인 영역을 마련했다고 할 수 있는 일이 원효에서 시작되었다.

원효는 스스로 춤추고 노래하고 가난하고 미천한 사람들이 사는 마을을 돌아다니면서 탈춤 광대와 같은 짓을 했다고 한다. 그렇게 해서 더욱 절실하게 깨달은 바를 불교철학의 논설로 나타내면서, 기존의 개념과 논리를 자기 나름대로 휘어잡아 새로운 발전을 이룩했다. '有·無', '眞·俗', '一·二', '中·邊'을 함께 든 것은 하나와 둘의 관계를 다루기 위한 선택이었다. 없음과 있음, 하나와 여럿의 관계는 불교에서 항상 중요시해온 바이고, 義湘이 〈華嚴法界一乘圖〉에서 "一卽多"이고 "多卽一"이라고 한 말은 하나와 여럿의 관계에 관한 불교의 논의를 집약한 의의가 있다. 그런데 원효는 하나와 둘의 관계를 문제삼았다.

하나와 둘의 관계는 현실에서 발견한 문제이다. 현실에서 문제되는 대립을 넘어서기 위해서 둘이 하나라고 해서 대립을 부정하고, 그렇다고 해서 대립이 없다고 하는 것은 잘못임을 깨우쳐서 하나가 둘이라고 했다. 그래서 불교철학으로서 보편적인 의의와 당대 현실의 문제를 자기 관점에서 다루는 특별한 의의를 함께 지닌 철학을 마련했다고 할 수 있다.

---

5) 《한국문학사사상시론》(서울 : 지식산업사, 1978)의 〈원효〉 대목 ; 《한국의 문학사와 철학사》(서울 : 지식산업사, 1996)의 〈의상·명효·원효의 질서관과 문학이론〉에서 이에 관해 고찰했다.

‘有·無’, ‘眞·俗’, ‘一·二’, ‘中·邊’이라고 열거한 것들은 추상적인 개념이면서 또한 현실적인 대립을 집약하는 의미를 지니고 있다. ‘有·無’에는 부자와 가난뱅이, ‘眞·俗’에는 귀족과 민중, ‘一·二’에는 임금과 신하, ‘中·邊’에는 서울과 시골을 지칭하는 분별 개념이 다른 많은 것들과 함께 포함되어 있어서, 이해하는 쪽에서 그렇게 받아들인다고 해도 나무랄 수 없다.

그런 것들은 하나가 아니고 둘이어서 서로 대립되어 있었다. 당시 신라 사회에 대립이 없다고 하면 거짓말이다. 사회적 대립의 심각한 문제를 외면하고 고매한 사상을 전개하기나 하는 것은 허공에 뜨자는 짓이다. 그러면서 둘이 하나인 이치로 대립을 넘어설 수 있다. 대립은 대립 아닌 것으로 만들어 본래의 화합을 되찾아야 해결된다. 그럴 수 있는 가능성이 본래 주어져 있다고 믿고, 거기 이르는 길을 찾고자 했다.

‘신명풀이연극’에서 대립을 제기하고 해결하는 방식의 원형이 되는 사상이 그렇게 나타나 있다고 할 수 있다. 그렇지만 대립이 화합이라는 주장을 함께 펴면서 강조점은 서로 달랐다. 元曉는 대립보다는 화합을 더욱 중요시하고, 탈춤에서는 화합보다는 대립을 더욱 중요시했다. 그 어느 쪽을 택할 것인가 하는 고민 때문에 시비가 일어날 수 있다.

양쪽의 거리를 메우기 위해서는 시대를 내려와서 하나가 둘로 나누어진 과정을 중요시하는 徐敬德의 철학을 찾을 필요가 있으며, 사람과 사람 밖의 사물의 부딪힘을 특히 중요시한 丁若鏞의 사상에서도 보충자료를 얻을 수도 있다.[6] 사회적 대립에서 생기

---

6)《한국의 문학사와 철학사》의 〈생극론의 역사철학 정립을 위한 기본구상〉에서

는 싸움을 전개하고 해결하는 방식을 탈춤이 더욱 선명하고 치열하게 보여주지만, '신명풀이'의 이론을 선명하게 가다듬기 위해서는 철학을 가져와서 이용할 필요가 있다.

서경덕이 다음과 같이 말한 데서 生克論의 이치를 발견해서 '신명풀이'의 원리를 해명하는 데 직접 원용할 수 있다.

一不得不生二 二自能生克 生則克 克則生 氣之自微至鼓盪 其生克使之也.[7]

하나는 둘을 生하지 않을 수 없고, 둘은 스스로 능히 克한다. 生하면 克하고, 克하면 生한다. 氣가 미세한 데서 시작해서 진동하는 데까지 이르는 것은 生克이 그렇게 한다.

氣가 하나이면서 둘이어서 生克을 빚어내는 것은 천지만물의 이치일 뿐만 아니라 사람이 살아가는 과정 또는 사람의 마음의 움직임도 그렇다. 사람의 마음 또한 氣이고, 기의 운동을 한다고 보아, 理를 별도로 설정하지 않았다. 理는 氣의 자체의 원리일 따름이라고 했다.

서경덕의 사상을 계승해서 발전시킨 任聖周는 천지만물과 사람의 마음 양쪽에 다 있는 창조적인 약동을 '生意'라고 지칭했다. 그 말뜻은 '생성의 의지'라고 풀이할 수 있다. 사람이 천지만물과 함께 지니고 있어서, 투쟁하고 생성하는 '生意'가 바로 '신명'이다. 崔漢綺는 그것을 '活動運化之氣'라고 했으며, 그것이 사람에게 갖

그런 작업을 했다.
7) 《花潭集》 2, 〈原理氣〉.

추어진 것은 '神氣'라고 일컬었다. '神氣'가 바로 '신명'이다.

최한기가 사람이 정신활동을 하는 氣를 '神氣'라고 하고, 사물을 인식하고 표현해 나타내는 과정을 '神氣'의 발현으로 설명한 데 소중한 지침이 있다.[8] 氣는 '活動運化'를 기본특징으로 한다 하고, 사물이 그렇게 하는 것을 보고 마음에서 터득하면 "말을 하는 것마다 모두 靈氣를 지녀, 용이 꿈틀거리는 형체를 갖추고 萬化를 녹여서 지닌다"고 했다. 그래서 이루어진 표현물을 받아들이는 쪽은 "神氣가 흔들려 움직이고, 쉽사리 感通하게 된다"고 했다. 글을 쓰고 읽는 행위에 관해 해명하고, 쓰는 사람과 읽는 사람 사이의 공감이 어떻게 해서 이루어지는가 밝히느라고 이렇게 전개한 이론을 연극에다 적용할 수 있다. 그 과정에서 최한기 이론의 미비점을 보완해 나의 이론을 만들 수 있다.

천지만물과 함께 사람도 수행하는 '活動運化'를 표출해서 공감을 이룩하는 주체가 되는 氣를 '神氣'라고 하면, '神氣'가 바로 '신명'이다. '神'은 양쪽에 다 있는 같은 말이고, '氣'를 '明'이라고 일컬을 수 있다. 안에 간직한 '神氣'가 밖으로 뻗어나서 어떤 행위나 표현형태를 이루는 것을 두고 '신명'을 '푼다'고 한다. 그래서 '신명풀이'란 바로 '神氣發現'이다. 사람은 누구나 '神氣' 또는 '신명'을 지니고 살아가지만, 천지만물과의 부딪힘을 격렬하게 겪어 심각한 격동을 누적시키면 그대로 덮어두지 못해 '神氣'를 발현하거나 '신명'을 풀지 않을 수 없는 지경에 이른다.

東學을 창도한 崔濟愚는 〈劍訣〉이라는 이름의 칼노래를 지어

---

8) 《한국의 문학사와 철학사》의 〈최한기의 글쓰기 이론〉에서 이에 관해 고찰했다. 인용구의 출처 설명도 그쪽으로 미룬다.

부르면서, “용천검 날랜 칼로 일월을 희롱”하니 “좋을시고 좋을시고 이내 신명 좋을시고”라고 했다.[9] 우주적인 범위에서 투쟁을 전개하는 ‘신명풀이’를 한다고 한 말이다. 《東經大典》에서는 “鬼神者吾也”라고 해서 “귀신이 바로 나이다”라고 일렀는데, 이 말을 그 뒤에 ‘人乃天’이라고 고쳐 일러 “하늘이 곧 사람이다”라고 하는 원리로 정립하고, 그렇기 때문에 ‘神人合一’이 이루어진다고 했다.[10]

그런 사상은 ‘신명’에 대한 새로운 해석에 근거를 둔다고 할 수 있다. 그 말은 사람이 곧 신이라는 뜻이기도 하다. 사람이 곧 신이라는 것은 사람밖에 따로 섬길 대상이 없다는 말이기도 하고, 사람이 스스로 대단한 능력을 지녔다는 말이기도 하다. 그 능력은 각자 사사로운 이익을 위해서 쓸 것이 아니고, 사람이 마땅히 지켜야 할 도리를 찾고, 사회정의를 구현하는 데 소용된다.

‘신명풀이’의 행위뿐만 아니라 ‘신명’이 무엇인가 밝혀 논하는 사상도 아주 오래 전부터 있었으나, 18세기에서 19세기까지의 기간 동안에 명확하게 가다듬어 높은 수준의 창조물을 이룩할 수 있었다. 탈춤의 ‘신명풀이’를 발전시킨 사람들은 하층의 놀이패이고, 임성주와 최한기는 상층의 지식인이어서 서로 직접적인 교류를 하지는 않았으며, 연극과 철학이 다르기 때문에 같이 일할 수

---

9) 《민중영웅이야기》(서울 : 문예출판사, 1992)의 〈최제우의 득도와 민중의 이야기〉에서 이 자료를 들고 논의했다.

10) 《東經大典》의 〈論學文〉에서 한 말이다(《동학사상자료집》 1, 13면). “人乃天”이라는 말은 동학의 3대교주 孫秉熙가 1905년 전후에 간행한 《大宗正義說》에서 최제우의 사상은 “人乃天으로 敎의 客體를 成하며 人乃天으로 認하는 心이 其主體의 位를 占하야 自己自拜하는 敎體로 天의 眞素的 極岸에 立하나니”(《동학사상자료집》 2, 274면)라고 하는 등의 말로 풀이하는 데서 처음 사용했다. 앞에서 든 李敦化, 《人乃天要義》에서 이에 대해서 자세하게 풀이했다.

없었다. 최제우는 하층민의 각성을 위해서 떨쳐나서서 스스로 춤추고 노래하기까지 했으나, 탈춤판에까지 갔다고 보기는 어렵다.

그러나 탈춤패와 사상 혁신의 주역들은 같은 시대에 함께 살면서, 조상 전래의 지혜를 새로운 문화 창조의 원동력으로 삼고, 민중의 공동체적 결속을 근거로 사회문제에 함께 대처했다. 사상논쟁의 가장 심각한 문제를 슬기롭게 해결하는 역사적인 과업을 각기 서로 다른 자리에서 함께 이룩해, 여럿이 하나가 되게 했다. 양쪽 다 보면서 그 경과를 정리하자 사태의 전모가 비로소 드러나기 시작하고 있다. 세부적인 경과는 아직 제대로 밝히지 못해 계속 탐구해야 한다.

신명풀이의 창조적 계승

'신명풀이'의 원리는 각자의 자발성과 주체성에서 창조가 발현된다는 것을 명시한다. 각자의 창조가 서로 만나 싸우고 한데 모여, 대립이 조화이고 조화가 대립이며, 싸움이 화해이고 화해가 싸움임을 구현하는 것 자체가 창조이다. 예술창조, 철학사상, 사회조직, 생산활동 등의 여러 영역에서 그런 원리를 구현해야 한다. 그런 원리는 그 모든 영역에서 서로 같으면서 서로 다르다. 서로 같으므로 함께 논해야 하고, 서로 다르므로 분야에 따라서 각기 다르게 처리해야 한다.

예술창조·철학사상·사회조직·생산활동이라고 열거한 것들 가운데 이번에는 철학사상부터 논의하기로 하자. 그 모든 영역에서 함께 인정되는 동일한 원리가 生克論이다. 생극론은 탈춤으로 구현된 예술행위의 철학을 氣철학에서 가져와서 오늘날의 시대적인 요구에 맞게 재창조한 창안물이면서 누구나 공유할 수 있는 공동의 자산이다. 사상의 내용뿐만 아니라 사상을 만들고 전개하는 과정 또한 탈춤에서 하는 것과 같은 관중의 참여로 이루어진다. 철학이면서 철학이 아닌 다면적인 논리를 마련해서 인생만사를 두루 다룬다.

그 가운데 문학사의 이론을 구체화하는 것을 나의 직접적인 소관사이자, 저작권을 주장해야 할 영역으로 삼고, 그 밖의 여러 영역에 관한 더욱 광범위한 연구와 실천은 다른 사람의 소관으로 넘긴다. 그래서 하나이면서 여럿인 연구를 하나이면서 여럿인 작업을 통해서 하자는 것이다. 예술창조·사회조직·생산활동의 당면과제를 전문적인 식견을 가지고 해결하는 구체화작업이 별도로 진행되어야 한다는 것을 강조하면서, 생극론의 총괄적인 관점에서 펼 수 있는 논의의 일단만 제시하고자 한다.

그런 원리를 구현하는 예술창조로서 지금에 와서는 영화가 특히 긴요하다. '카타르시스영화'가 세계를 제패하는 데 맞서서, '라사영화'가 독자적인 영역을 지키고 있는 노력에 자극을 받아, '신명풀이영화'를 만드는 생극론의 작전을 수립하고 실행해야 한다. 그래야 영화전쟁에서 살아남을 수 있고, 문화제국주의 횡포를 제어하고, 인류문명을 더욱 다양하고 풍요롭게 가꾸어 가해자들마저도 행복하게 할 수 있다.

사회조직에서는 구성원 각자의 내면적인 욕구를 발현하는 자발적인 창의력을 최대한 존중해야 한다. 규제를 푼다고 하는 소극적인 대책에서 한걸음 더 나아가, 누구나 최고책임자임을 명확하게 해야 한다. 그래서 개인이 개인으로 흩어지자는 것은 아니다. 각자의 '신명풀이'는 반드시 다른 사람과의 공동작업을 통해서 완

수된다는 것을 믿고, 자발적인 협동이 생겨나는 것을 방해하지 말아야 한다.

내 자신이 직접 소속되어 있는 대학사회를 예로 들어본다면, 교수는 가르치고 싶은 것을 가르치고 학생은 배우고 싶은 것을 배울 수 있게 허용하고, 자발적이고 창의적인 강의가 이루어지게 해야 한다. 생각이 근접하는 학생들끼리 만나 무엇을 공부할까 토론하고, 교수와 만나서 그런 강의를 할 수 있는가 협의하는 것 자체가 대단한 공부이다.

생산활동에서도 각자가 자발적인 욕구를 실현해 '신명풀이'를 하는 일을 남들과 더불어 하는 것이 최상의 방법이다. 자발적인 '신명풀이'는 경제적인 이득과 배치될 수도 있고, 실패할 수도 있다. 그래도 거듭 시도하는 것은 삶의 기본 욕구가 창조의 모험을 요구하기 때문이다. 우리 각자는 자기의 주체성을 관철시키기 위해서, 잠재적인 능력을 창조의 성과로 바꾸는 일을 남들과 함께 하는 것을 커다란 기쁨으로 삼아 마땅하다.

제2부 탐구의 내역

동아시아문명권의 공동유산[1]

문제 제기

미국의 국제정치학자 헌팅턴은 《문명의 충돌》[2]이라는 문제의 저서에서 미국은 유럽과 같은 문명권임을 역설하고, 일본은 동아시아문명권에 속하지 않고 별개의 문명권을 이루고 있다고 주장했다. 그 말을 듣고 일본인이 기분 좋아한다면, 그것은 어리석은 일이다. 자기편은 단결시키고 적인 상대편은 분열시키는 것이 모든 싸움에 공통된 초보적인 전술이다. 유럽문명권의 세계제패를 지속시키기 위해서 동아시아문명권을 제압하는 것이 특히 긴요하다고 보아 동아시아를 분열시키기 위해 일본은 독립된 문명권이라고 하고 있다.

일본이 독립된 문명권이라는 주장의 연원은 일본인에게 있다.

---

1) 이 글은 1999년 10월 17일 동국대학교에서 열린 제4회 동아시아비교문화 국제학술회에서 발표했으며, 원래의 제목은 〈대장경 왕래의 문화사적 의의〉였다.
2) Samuel P. Huntington, *The Clash of Civilization and the Remaking of World Order*(New York : Simon and Schuster, 1996).

지금부터 100여 년 전에 福澤諭吉이 '脫亞論'을 부르짖을 때부터 일본인은 아시아에서 벗어나 유럽의 일원이 되기를 열망했다. 그러나 '脫亞'하면 '入歐'하는 것은 아니다.[3) 아시아에서는 벗어났다고 생각해도 유럽에 들어가지는 못한 것이 부인할 수 없는 사실이어서, 일본은 소속불명이 되었다. 소속불명이라고 하면 불명예이므로, 같은 말을 명예롭게 바꾸어 일본은 독립된 문명권을 이루고 있다고 자부한다. 그런 관점에서 세계문명사를 재정리한다.[4)

그러면 문명이 무엇인가 하는 문제가 제기된다. 문명은 민족문화의 특수성을 넘어서 있는 보편주의 가치체계의 공동영역이다. 그런 것이 지구상에 중세시기에 몇 개 생겨나 오늘에 이르고 있다. 각 문명은 가치체계의 구체적인 내용에서 서로 다르지만 보편주의 기본특징에서 서로 일치한다.[5) 일본 나름대로 갖추고 있는 민족문화는 보편주의 가치체계가 아니므로 문명이라고 할 수 없다. 일본은 보편주의 가치체계를 단독으로 마련하지 않고 다른 민족과 공유하고 있다는 점에서 결코 예외가 아니다.

이제 와서 문명이 새삼스럽게 거론되는 데는 두 가지 이유가 있다. 민족국가끼리의 쟁패에 힘쓴 근대의 잘못을 문명권의 공동이상을 재확인하면서 시정하고자 하는 시기에 들어섰기 때문이다. 또한 동서 양진영 사이의 이념 투쟁이 약화되고 냉전이 종식되면서 문명권 단위의 경쟁이 치열하게 되었다. 이런 시대상황을 정확하게 파악한 데 근거를 두고, 유럽문명권이 다른 여러 문명권

---

3) 그렇게 해서 생긴 문제에 대해서 〈근대 극복의 과제와 한·일학문〉, 《한국의 문학사와 철학사》(서울 : 지식산업사, 1996)에서 다각도로 고찰했다.
4) 伊東俊太郎, 《比較文明》(東京 : 東京大學出版會, 1985)이 그 좋은 본보기이다.
5) 《문명권의 동질성과 이질성》(서울 : 지식산업사, 1999)에서 이에 관해 다각적인 고찰을 했다.

을 계속 제압해야 한다고 주장하기 위해서 헌팅턴이 앞장서서 문명의 충돌을 말하고 있는 것이다.

이에 대해서 동아시아는 어떤 반응을 보여야 할 것인가? 민족국가끼리의 쟁패에 몰두하는 잘못을 시정하고, 동아시아는 한 문명권임을 분명하게 인식해야 한다. 일본은 '脫亞論'을 정식으로 취소하고, 동아시아의 일원임을 재확인해야 한다. 중국은 역사가 오래되고 나라가 커서 대국이라고 자부하는 발상을 버리고, 동아시아가 서로 대등한 관계를 가지는 구성원들이 공동의 유산을 함께 활용하는 공동체임을 잊지 말아야 한다.

일본이나 중국이 유럽문명권 전체와 단독으로 맞서려고 하는 것은 무리이다. 경제나 정치를 말하기 전에, 문화의 역량이 모자라서 무리이다. 유럽문명권의 세계제패가 보편주의의 이상을 내세우면서 진행되고 있는데, 민족문화의 역량으로 맞설 수 없다. 유럽문명권의 선두주자 미국이 인권이니 자유니 하는 유럽문명권 보편주의를 내세워 다른 나라를 간섭하고 자기네 국익을 달성하는 것을 나날이 경험하고 있다. 중국은 인권을 유린한다고 나무라고, 일본이나 한국은 자유무역을 보장하라고 요구한다.

미국의 국익에 맞서서 동아시아 각국이 자기 나름대로의 국익을 옹호하는 것이 효과적인 대응책이 아니다. 보편주의에 대해서는 보편주의로 맞서야 한다. 동아시아에서 인류 전체를 위해서 더욱 바람직한 가치를 구현해야 보편주의 경쟁에서 패배하는 더 크고 치명적인 치욕을 막을 수 있다. 우리가 이겨 상대방을 제패하겠다는 것은 아니다. 문명의 충돌을 승리로 이끌기 위한 구실 노릇을 하는 수준을 넘어서서 인류 화합의 이상을 제시하는 보편주의가 진정한 보편주의이다. 우리는 진정한 보편주의를 제시해야 한다.

유럽문명권에서 자기네 나름대로의 사고방식을 가지고 문명의 충돌을 말하는 데 맞서서 문명의 화합을 이룩하기 위해 노력하는 것이 동아시아의 사명이다. 동아시아가 먼저 그렇게 하면서 비유럽 다른 여러 문명권의 분발을 촉구해, 침략과 지배의 시대를 종식시키는 세계사적 사명을 함께 수행하자고 해야 한다. 그렇게 하자면, 유럽문명권의 보편주의가 인권과 자유라면, 동아시아의 보편주의는 무엇인가 하는 문제에 대해 분명한 해답을 얻어야 한다.

보편적 이상의 공동유산

동아시아가 공동의 이상을 지닌 한 문명권이라는 것은 이상론이다. 그럴 수 없게 하는 현실적인 제약이 적지 않다는 것을 시인해야 한다. 가해와 피해의 불행한 과거가 아직 충분히 청산되지 않았을 뿐만 아니라 나라의 크기, 정치체제, 경제형편 등이 서로 같지 않아 분열과 갈등을 겪고 있다. 정치인이나 경제인들도 화합을 이루자고 말하기는 하지만, 실제로는 분열을 가중시키거나 갈등에 휘말려 있다. 그러므로 동아시아가 하나임을 분명하게 하기 위해서는 정치나 경제보다 문화가 더욱 소중하다고 해야 하고, 학문하는 사람들이 앞서야 한다.

동아시아문화를 비교해 연구하는 각국의 학자들이 한자리에 모여 국제학술회의를 계속 개최하고 있는 것이 그 때문이다. 동아시아문명이 한 문명권이게 하는 보편주의의 공통된 유산이 무엇인가? 이 물음은 동아시아비교문화 국제학술회에서 특히 힘들여 다루어야 할 연구주제이다. 이에 대해서 누구나 납득할 수 있게 대답하는 총론을 제시하고, 심오한 연구를 개척하는 각론을 갖추는 것이 우리가 서로 긴밀하게 협력하면서 할 일이다.

동아시아가 한 문명권이라는 것은 지금의 상황을 두고 하는 말이 아니다. 문명권의 특성은 중세에 마련되었다. 그 연원은 고대에 준비되었다 하더라도 중세에 이르러서 일반화되었으며, 중세의 유산이 근대 이후까지 계승되어 동질성을 가지게 한다. 이슬람문명의 동질성은 아직까지 잘 보존되고 있어 문명권의 결속을 가능하게 한다. 유럽은 중세 때의 유대를 되찾으려고 하고 있다. 미국이 유럽문명권의 일원이라고 하는 것은 중세 이래의 유산을 공유하고 있다는 말이다.

동아시아문명권은 한문을 공동문어로 한 '한문문명권'이다. 한자를 함께 사용하고 있으므로 '한자문명권'이라고 일컫자는 것은 부적절한 견해이다. 지금도 한자를 사용하고 있는가는 문제가 되지 않는다. 로마자를 사용하고 있는 월남도 한문을 공동문어로 사용한 전통이 있어, 중국, 한국, 일본과 함께 동아시아문명권에 속한다. 한문문명권은 산스크리트문명권·아랍어문명권·라틴어문명권과 대등한 위치에 서면서 서로 구분된다. 터키가 아랍문자 대신에 로마자를 사용한다는 이유로 아랍어문명권의 일원이었던 역사가 취소되는 것은 아니다. '아랍문자문명권'이라는 말이 없는 것과 '한자문명권'이라는 말을 사용하지 말아야 하는 것이 같은 이치이다.

한문은 문자만이 아니고 언어이다. 공동문어이다. 공동문어를 민족어와 함께 사용하면서, 두 가지 문학을 병행시켜 육성하는 일을 다른 문명권에서 일제히 하고, 동아시아 어느 나라에서든지 함께 했다. 그것이 중세문명의 공통된 구조이다. 그러면서 그 구체적인 양상은 문명권에 따라, 나라에 따라 서로 달랐다. 이에 대해서 자세한 연구를 한 성과의 일단을 동아시아비교문화 국제학술회의 北京대회에서 발표했다.[6]

시를 두고 말한다면, 동아시아에서는 공동문어 '詩'를 민족어의 '歌'와 함께 이룩해왔다. '詩'를 통해서는 문명권의 보편적 가치규범인 '華'를, '歌'를 통해서는 민족문화의 특성인 '夷'를 구현한 것 같지만, 반드시 그렇지는 않았다. 〈東亞文化史上'華'·'夷'與'詩'·'歌'之相關〉이라는 제목의 논문에서 그 넷의 상호관계가 복잡하게 얽힌 양상을 밝혀 논했다.[7] 처음에는 '華詩'와 '夷歌'가 맞서 있다가, '華歌'가 생겨나 '歌'가 변하고, 다시 '夷詩'의 시대에 이르러서 '詩' 또한 달라진 경과가 동아시아 여러 민족의 문학사에 공통되게 나타난다고 했다.

동아시아문명권을 한문문명권이라고 하는 것은 충분하지 않다. 문명권에는 각기 그 나름대로의 보편종교가 있기 때문이다. 산스크리트문명권은 힌두교문명권, 아랍어문명권은 이슬람교문명권, 라틴어문명권은 기독교문명권이라고 하는 데 대응되는 말을 하려면 동아시아의 보편종교는 무어라고 해야 하는가 하는 문제가 제기된다. 한문문명권은 유교문명권이라고 하면 된다 하겠으나, 검토해야 할 문제가 있다. 유교가 종교인 요건에 관한 견해가 서로 달라, 유교인가 유학인가 하는 시비가 있다. 일본에서는 유교가 늦게 정착되고 주도적인 위치를 차지하지는 못해 다소 예외인

---

6) 이에 대한 전체적인 내용은 필자의 여러 저서 가운데 특히 《공동문어문학과 민족어문학》(서울 : 지식산업사, 1999)에서 제시했다.

7) 그 논문은 《문명권의 동질성과 이질성》(서울 : 지식산업사, 1999)에 수록되어 있다.

점도 논의를 일반화하는 데 장애가 된다.

불교는 유교보다 먼저 동아시아의 보편종교로서 널리 자리를 잡았다. 불교를 자기 것으로 하는 데서는 동아시아 어느 나라는 뒤떨어졌다고 할 수 없다. 그러므로 "동아시아문명권은 유교문명권이다"는 명제보다 "동아시아문명권은 불교문명권이다"는 명제가 보편적인 의의가 한층 뚜렷하고, 여러 나라를 대등하게 다루는 데 더욱 유리한 작용을 한다. 불교는 남아시아나 동남아시아 쪽과 공유한 전통이어서, 동아시아의 특성을 규정하는 데 적합하지 않다고 하는 반론이 당연히 예상되므로 그 다음의 논의가 필요하다. 동아시아의 불교는 한문을 경전어로 사용한 점에서 다른 곳의 불교와 구별된다. '大藏經'이라는 이름으로 집성한 한문경전을 동아시아 각국이 공유했다. 그 점을 명시해 "동아시아문명권은 대장경문명권"이라고 하는 것이 적절한 명명이다.

대장경은 다른 문명권의 불경과 몇 가지 점에서 뚜렷하게 구분되는 특징을 가지고 있다. 여러 종파의 경전을 한데 모아 대장경을 만드는 것은 동아시아에서만 한 일이다. 대장경은 사용한 언어가 동아시아 공동문어인 한문이어서, 한문 글쓰기의 모형을 제공해 주었다. 대장경 인쇄본을 나누어 가지는 것은 목판 인쇄가 동아시아 특유의 발명이므로 다른 문명권에는 없었다. 대장경 왕래는 한문학의 최고수준을 보여주는 國書를 전달하면서 유교에 근거를 둔 국가간 외교를 진행하는 방식으로 이루어져, 한문학·유교·불교가 깊은 연관을 가지게 되었다.

또한 대장경은 동아시아문명의 내부구조와 시대적 변천을 이해하는 데 긴요한 의의를 가진다. 어떤 대장경을 함께 사용하는가에 따라서 동아시아문명권이 다시 세분되었다. 대장경을 인쇄해

나누어 준 곳과 받아간 곳이 바뀐 내력은 동아시아문명의 변천과
정을 선명하게 이해할 수 있게 한다. 대장경을 중국에서 마련하고
목판으로 인쇄해 동아시아 여러 나라에 전해 주고, 최상의 목판인
쇄본은 한국에서 만들어 그 주변의 나라에 나누어 주고, 결정판이
라고 할 수 있는 근대적인 방식의 활자인쇄본은 일본에서 만들어
중국에까지 역수출한 과정에 동아시아문화사의 전개가 요약되어
있다.

  그렇더라도 동아시아문명권을 유교문명권이라고 해야 하는가,
대장경문명권이라고 해야 하는가 하는 논란이 끝나는 것은 아니
다. 어느 쪽을 택하는가 하는 것은 인류의 미래를 바람직하게 창
조할 수 있게 하는 원천이 어느 쪽에 더욱 풍부하고 설득력 있게
갖추어져 있는가 하는 질문과 깊이 연관되기 때문이다. 유럽문명
권의 보편주의가 인권과 자유라면, 동아시아의 보편주의는 무엇
인가 하는 질문을 여기서 다시 할 필요가 있다.

  유교나 불교나 하는 천여 년 동안의 논란을 해결해 어느 한쪽
으로 결론을 내리려고 하는 것은 아니다. 그러나 유교자본주의 운
운하는 수준의 논의는 넘어서야 한다. 동아시아 일각에서는 유교
를 자본주의 이념으로 삼아 유럽문명권에 버금가는 경제발전을
이룩했다는 정도의 논의로 유럽문명권에서 내세우는 인권과 자
유에 대한 동아시아의 대안이 무엇인가 하는 문제는 해결되지 않
는다. 그 해답이 무엇인가 찾는 심오한 작업의 한 가지 단서를 제
시할 수 있는 것이 여기서 할 수 있는 최상의 과업인 줄 알고, 본
론은 보류한다.

대장경 권역의 형성과 변모

불교의 경전인 佛經은 인류가 이룩한 가장 방대한 분량의 문자
문화일 것이다.[8] 오랜 기간에 걸쳐 다양한 형태로 형성된 불경이
문명권의 경계를 넘어서 전달되고 번역되었으며, 필사본뿐만 아
니라 인쇄본의 국제적인 유통이 광범위하게 이루어졌다. 그 권역
을 다음과 같이 나눌 수 있다.

(가) 불교경전권의 형성 : 남-동남아시아문명권 및 동아시아
문명권 전체
(나) 漢文大藏經圈이 (가)에서 분리 : 중국, 월남, 한국, 일
본, 琉球
(다) 高麗大藏經圈이 (나)에서 분리 : 한국, 일본, 유구
(라) 日本大藏經圈이 (다)에서 분리 : 일본(중국, 한국)
(마) 각국어 번역 : 서역 여러 언어, 티베트, 몽골, 한국, 만
주, 일본어로 번역

(가)에서는 불교문명권이 한 문명권이었는데, (나)에 이르러 동
아시아문명권이 별도로 이루어졌다. (다)의 등장과 더불어 동아
시아문명권의 하위문명권이 생겨났다. (라)는 민족문화의 분리로
시작되어 동아시아문명권의 유대를 재확인하는 데 이르렀다.

---

8) 지금부터의 논의는 《하나이면서 여럿인 동아시아문학》(서울 : 지식산업사,
1999)의 한 대목 〈대장경 주고 받기〉를 축약해 정리한 것이다.

(마)에서는 보편적 유산을 민족어를 사용해 민족적으로 수용해 민족문화를 발전시켰다.

(가)는 불타가 열반하고 얼마 되지 않은 시기의 제1차에서 기원후 100년 무렵의 제4차에 이르기까지 네 차례 結集에서 마련되었다.

(나)로의 전환은 불경이 한문으로 번역되기 시작한 2세기경에 비롯해서, 971년에 착수해서 983년에 중국 《宋版大藏經》(開寶版大藏經, 北宋官版大藏經, 蜀版이라고도 한다)이 1,076부 5,048권의 분량으로 완성되자 확정되었다. 그것이 한국에도, 월남에도 전해졌다.[9] 그 뒤에 宋版이 몇 번 더 이루어졌다. 1031년에서 1064년까지의 《遼版大藏經》, 1148년부터 1173년까지의 《金版大藏經》이 다시 이루어졌으나, 宋版을 능가하는 업적은 아니었다. 그 세 나라의 대장경판은 지금 전하지 않는다. 元·明·淸의 시기에도 대장경을 각기 여러 차례 판각해서 간행했다.

(다)의 시기는 고려에서 1074년에서 1082년 사이에, 《初雕大藏經》 1,067부 5,048권의 규모로 만들 때 시작되었으나, 그것은 1232년에 몽고란 때문에 불탔다. 1236년부터 1251년까지에 현존하는 《高麗大藏經》을 다시 만들었다. 《고려대장경》은 宋版을 기본으로 하고, 遼版 등의 다른 자료도 보태 한문본 불경을 집대성하고 총정리한 성과이며, 교정을 철저하게 해서 완벽을 기했다. 1,516부 6,815권에 이르는 분량이며, 경판수는 81,258매이다. 그 전부가

---

9) 《宋版大藏經》을 고려에서 받아들인 기사는 《宋史》 열전 246 外國史 高麗 편에 989년의 일로 기록되어 있다. 《高麗史》에는 그 기사가 없는데, 조선왕조에서 《高麗史》를 편찬할 때 불교에 관한 일은 긴요하지 않게 여겨 제외했기 때문이라고 생각된다. 그것을 월남에서는 1009년에 가져갔다고 《大越史記全書》 본기 권 1 前黎朝 中宗 14년조에 기록해 놓았다.

온전하게 보존되어 현존 최고의 대장경이다. 그 인쇄본을 여러 곳에서 원하고, 일본과 유구에서 가져갔다.

(라)의 시기는 1637년부터 1648년까지에 일본에서 《日本版大藏經》(天海版)을 1,452부 6,323권의 분량으로 만들면서 시작되었다. 그 뒤에 다시 1669년부터 1681년까지에 한 차례 더 만든 日本版(黃檗版)은 6,956권인데, 중국 明版을 가져가서 분량을 늘렸기 때문이다. 대장경을 근대의 활자인쇄로 간행하는 일을 일본에서 몇 차례 하다가, 마침내 1922년부터 1933년까지 3,502부 11,970권 규모의 《大正新修大藏經》을 완성하기에 이르렀다. 그것이 한문대장경의 정본으로 인정되어 중국이나 한국에서도 널리 이용하고 있어, 한문대장경권의 중심이 바뀌었다.

(마)의 시기는 일정하지 않다. 불경이 한문으로 번역되는 것은 기원전 1세기부터 시작해서 (가)의 원전이 龜茲(Kucha), 于闐(Khotan), 窣利(Suli, Sogdiana), 回鶻(Uigur), 突厥(Turk) 등의 여러 언어로 산발적으로 번역되었다. 그 번역이 한문 번역에 영향을 끼쳤으며, 그쪽 사람들이 한문 번역에 참여했다. (가)의 원전 티베트어 번역이 7세기에 시작되어 몇 세기 동안 계속되었다. (가)의 원전이 없는 경우에는 (나)의 한문본을 번역했다. 티베트어본을 몽골어로 번역하는 사업이 1210년부터 1310년까지, 다시 1603년에서 1634년 사이에 진행되었다. 1461년부터 1471년까지 한국에서는 刊經都監을 설치해서 한국어 번역을 했다. 1772년부터 시작해서 20여 년 동안 만주어 번역이 이루어졌다.

그 가운데 티베트어 번역은 몽골에서도 이용해서 또 하나의 공동문어 불경 노릇을 했을 따름이고, 다른 것들은 자국의 범위를 넘어서지 못했다. 티베트어 이외의 다른 언어 불경은 일부만 번역

되었으며, 한문불경을 대신할 만한 영향력을 가지지 못했다. 1917
년부터 나온 일본의 《國譯一切經》이나 그 뒤에 이어서 시작된 한
국의 《국역대장경》에 이르러 비로소 전면적인 번역이 이루어지
고 있으나, 한문본을 대신할 만한 영향력을 가지지는 못한다. 번
역본은 원문을 이해하는 데 필요한 참고서 정도의 의의만 인정된
다. 그것은 아직도 한문본 대장경의 시대가 끝나지 않았다는 증거
이다.

《고려대장경》 권역의 내부 관계

위에서 (가)에서 (마)까지로 든 것 가운데 (다)에 대해서 구체
적으로 고찰해 보자. 한국의 고려왕조가 만든 《고려대장경》을 일
본이나 유구, 또는 다른 나라에서도 얻어가려고 하는 외교적 교섭
이 빈번하게 벌어져, 그 몇몇 나라가 특히 가까운 관계를 가지게
되었던 것이 (다)의 권역이다.

고려의 뒤를 이은 조선왕조는 유교국가였다. 조선왕조는 동아
시아 국제관계의 법도를 엄정하게 지켜 가치관을 분명하게 하고
자 했다. 대장경은 그렇게 하는 데 반드시 포함된 사항은 아니지
만, 이웃의 여러 나라에서 대장경을 얻어가는 외교 교섭을 계속
벌여, 조선왕조가 동아시아문명권의 한 중심국가 노릇을 하지 않
을 수 없게 했다.

동아시아문명권 소속을 판가름하는 기준은 '天子'의 '冊封'이다.
중세 시기에는 다른 문명권에서도 '차크라바르틴'(cakravartin, 轉
輪聖王), '칼리파'(khalifa), '파트리아르크'(patriarch, 총대주교, 교
황)라고 하는 신의 대리자인 '天子'가 문명권마다 하나씩 있어,

'라자'(raja), '술탄'(sultan), '임페라토르'(imperator, 황제)나 '렉스'(rex, 국왕) 등으로 일컬어지는 각국의 통치자를 '책봉'해서 하늘에서 내린 도리가 땅 위에 실현되게 했다.[10] '책봉'을 받은 나라는 그 문명권의 정회원 자격을 가졌다. 동아시아에서는 자국의 통치자가 '천자'를 겸한 중국, 그리고 '천자'의 '책봉'을 계속 받아온 한국, 월남, 일본, 그리고 유구가 정회원 자격을 가졌다.

중국의 통치자인 황제가 '천자'를 겸한 것은 동아시아의 특수성이어서, '책봉'의 종교적인 의의를 훼손할 수 있었다. 명나라는 국가 이익을 앞세워 '책봉'을 남발했다. 유교문명권 밖의 나라라도 중국과 교역을 하고자 해서 한문으로 국서를 써 보내면 책봉국의 지위를 부여해 동아시아문명권의 경계가 흐려지게 했다. 그런 혼란의 일단을 시정하는 일을 조선왕조에서 맡았다. 조선왕조에 국서를 보내 대장경을 얻어가는 것이 동아시아문명권 소속을 가리는 절차로서 중요한 의의를 가졌다.

일본이나 유구의 국왕은 책봉국의 수장이므로 대장경을 요청하면 응낙하는 것이 원칙이었다. 일본의 지방통치자 '大名'들은 별도로 책봉을 받지 않았으므로 대장경을 받아갈 자격이 없는 것이 원칙이지만, 일률적으로 처리하지 않고 비중이나 영향력을 가려 응낙하기도 하고 거부하기도 했다. 알려지지 않던 나라에서 대장경을 요청하는 경우에는 까다로운 심사를 해서 신규가입자가 함부로 늘어나지 못하게 막았다.

久邊國이나 夷千島國이라고 하는 곳이 그런 나라이다. 그 두

---

10) 《문명권의 동질성과 이질성》의 〈책봉체제〉에서 그 여러 사례를 자세하게 비교해 논했다.

나라에서도 대장경을 얻어가려고 했으나, 국서의 진실성을 의심
해 응낙하지 않았다. 久邊國은 대장경을 요청하는 국서에서 유구
근처에 있는 나라이고 명나라의 책봉을 받았다고 했는데,[11] 모두
사실이 아닌 것으로 인정되었다. 일본에서 불교를 받아들였으나
대장경은 일본에 없어 조선에 요청한다고 한 夷千島國의 국서 또
한 의심스럽다고 처리되었다.[12]

조선왕조는 抑佛崇儒의 유교국가여서 대장경을 대단하게 여기
지 않았으며, 동아시아문명의 유대를 확인하는 바람직한 질서를
이룩하는 데 대장경이 소용되리라고 생각하지 않았다. 그러나 조
선왕조의 통치자들이 원하지도 않고 예상하지도 않았지만, 대장
경이 동아시아문명의 유대를 돈독하게 하는 데 가장 큰 기여를
했다. 유교의 관례에 따르는 국제관계에서는 구현할 수 없는 중세
동아시아의 정신적인 이상을 대장경을 공동의 경전으로 하는 불
교가 감당할 수 있었기 때문이다.

대장경을 얻어가기 위해 일본에서 한국에 보낸 國書에서 "運平
等之慈 忘自他之別"(평등한 자비를 움직이고, 자기와 남의 구분
을 잊는다)이라 하고,[13] "國寧兵熄 而編戶永豊焉"(나라가 편안하
고 전쟁을 없애서, 백성들이 영구히 풍요로움을 누리게 하겠다)
이라 했다.[14] 유구에서 보낸 국서에서는 대장경을 주는 것은 "惻
隱慈愛 揚於四海"(측은하게 여겨 자애를 베품이 사해에 떨친다)
라 하고,[15] 대장경을 받아간 것을 기념해 지은 글에서는 "使率土

---

11) 그 국서가 《조선왕조실록》 성종 9년 11월조에 수록되어 있다.
12) 그 국서가 같은 책, 성종 13년 4월조에 수록되어 있다.
13) 《조선왕조실록》 세종 5년 12월조.
14) 같은 책, 성종 16년 8월조.
15) 같은 책, 성종 10년 6월조.

濱 皆得窺佛祖之秘謀也 其善利懿哉也”(모든 땅에 사는 사람들이 부처의 은밀한 뜻을 엿볼 수 있게 하니, 선하고 이롭게 하는 그 일이 아름답도다)라고 했다.[16]

그 가운데 “運平等之慈 忘自他之別”이라고 한 것이 다른 여러 말을 한데 포괄하는 의미를 지니고 있으며, 보편적 이상의 최고 표현이라고 할 수 있다. 서로 평등한 관계에서 우러나는 자애로움이나 자기나 남의 구분을 잊는 일체감은 경쟁과 갈등을 넘어서서 화합을 이룩할 수 있는 최고의 경지이다. 불교가 아니고서는 그런 이상을 제시할 수 없었다. 불교에 대한 깊은 이해가 그런 방식으로 표면화되었다.

유교에서는 그런 말을 할 수 없었다. 책봉관계를 맺고 재확인하기 위해 주고받은 수많은 국서에 온갖 아름다운 문구가 다 있으나, 그런 생각을 나타내지는 못했다. 동아시아의 ‘천자’가 중국의 ‘황제’를 겸하고 있고, 유교는 고매한 이상을 제시하는 종교로서는 결격사유가 있어서, 동아시아의 중세보편주의가 중국의 대국주의를 위해 봉사하고, 실리나 실용에 치우칠 수 있는 결함을 불교에서 시정했다. 다른 중세문명보다 차원 높은 중세보편주의의 이상을 동아시아에서 제시할 수 있었던 것은 불교 덕분이다.

대장경 시대를 만들고 움직이는 데 대장경을 가진 조선이 홀로 주동적인 구실을 한 것은 아니다. 대장경이 없어서 인쇄본을 얻어 가려고 하는 쪽에서 동아시아의 정신적 유대를 다지는 임무를 더욱 적극적으로 수행했다. 대장경을 주고받는 것이 국가적인 이익

---

16) 〈方冊藏經來朝記〉의 한 대목, 《琉球史料叢書》 1(東京 : 名取書店, 1941), 196~197면.

을 고려한 외교적인 관계이고, 대장경을 가져가서 자국의 협소한 신앙에 이용하고, 상거래의 상품으로 삼기도 하고, 대장경을 사취하거나 탈취하려고 하는 일도 있었다고 해서 그 가치가 조금도 손상되지 않는다.

중세는 이상과 현실, 문명권 전체의 보편주의와 개별집단의 이해관계가 공존하는 이원적인 사회였다. 그 양면 가운데 보편주의의 이상을 구현하는 데 유교가 하기 어려운 일을 불교가 했다. 대장경은 불교의 가르침이기도 하고, 주고받는 재보이기도 해서, 그 양면의 관계를 대장경을 통해서 명확하게 인식할 수 있다.

일본과 유구가 조선왕조로부터 대장경을 받아가던 시기의 그 두 나라의 사정을 고찰한 申叔舟의 《海東諸國記》 서두에 "夫交隣聘問 撫接殊俗 必知其情 然後可以盡其禮 盡其禮 然後可以盡其心"(무릇 교린관계를 가지고 맞이하고 찾아갈 때에는 특이한 俗을 이해해 받아들이고 그 情을 안 다음에 그 禮를 다해야 하며, 그 예를 다한 다음에야 그 心을 다할 수 있다)이라 했다. 그렇게 말한 데는 아주 긴요한 상대개념이 들어 있다. 그 넷을 각기 규정하면, '禮'는 공통의 행위규범이고, '心'은 마음의 바탕이라면, '俗'은 민족마다 다른 풍속이고, '情'은 각자의 마음가짐이라고 할 수 있다.

둘씩 모아 정리하면, '禮', '俗'은 외면으로 나타난 문화이고, '心', '情'은 내면에 감추어져 있는 마음이다. 둘씩 모아 정리하는 각도를 바꾸면, '禮'·'心'은 문명권의 공동이념이고, '俗'·'情'은 민족문화의 개별양상인데, 이러한 구분이 더욱 중요한 의의를 가지므로, 그 둘을 각기 '禮心'과 '俗情'이라고 일컬으면서 논의를 계속하기로 한다.

‘禮心’은 보편적이고 추상적인 것이므로 한 말로 일컬을 수 있으나, ‘俗情’은 상이하게 나타나는 구체적인 양상이므로 구분해서 지칭했다. ‘禮心’과 ‘俗情’의 관계도 두 가지로 말했다. ‘俗情’의 민족문화는 그 개별양상이 각기 다른 것을 이해하고 수용해야 ‘禮心’의 공동규범을 함께 따를 수 있다고 했다. ‘禮心’을 공동의 이상으로 삼는다는 점을 분명하게 해야 ‘俗情’에 대한 상호이해가 가능하다고 했다. 그렇게 해서 ‘俗情’의 상대주의와 ‘禮心’의 절대주의가 둘이 아니라 하나고, 하나가 아니고 둘임을 분명하게 해야 한다고 했다.

그런 개념을 가지고 대장경 왕래를 재해석하면, 여러 나라에서 대장경을 요청한 것은 각기 자기네 나라의 사정에 근거를 둔 ‘俗情’의 영역이지만 대장경 자체는 ‘禮心’의 구현이었다. 고려 때에 대장경을 만든 것은 외침에서 나라를 지키기 위한 ‘俗情’의 소망 때문이었다. ‘禮心’의 권능을 빌려 ‘俗情’에 닥친 위험을 막으려고 했다. 그런데 다음 왕조인 조선왕조시대에 이르러서는 대장경이 다른 여러 민족이나 국가에서 함께 희구하는 ‘禮心’ 구현에 기여하는 기능을 수행하게 되었다. 대장경이 그 자체로 ‘禮心’의 공동목표를 구현하고 있다고 인정하지 않은 조선왕조에서, 유교 이념에 의한 국제관계의 ‘禮心’을 조선왕조의 국가이익에 합당하게 다지는 데 대장경을 이용했다.

여러 나라에서 보낸 국서는 ‘禮心’에 관한 그 시대 동아시아 한문문명권의 공동이상을 모범적으로 나타내기 위해 경쟁을 해서 대장경을 각기 필요로 하는 ‘俗情’의 목표를 달성하려고 했다. 국서를 가짜로 만들어 대장경을 얻어가려고 하는 사기극을 꾸밀 때에도 ‘禮心’의 기준에 합당한 글을 써야 했다. 그런 이중삼중의 역설에 의해 역사가 진행되는 것이 지극히 정상적인 일이다.

　조선왕조에서는 대단하게 여기지 않는 《고려대장경》이 조선왕조 주도의 대외관계를 순조롭게 이끌어가는 데 결정적인 구실을 한 것은 참으로 흥미로운 일이다. 조선이 가지고 있는 《고려대장경》의 인쇄본을 보내달라고 여러 나라에서 국서를 보내 교섭을 한 외교관계는 동아시아 대장경문명권 또는 한문·불교·유교문명권의 동질성을 확인하고 강화하는 데 긴요한 구실을 했다. 그리고 이념의 공통성, 한문국서 작법, 외교방법의 관례를 거듭 분명하게 했다.

후대의 변화와 남은 과제

　대장경이, 소용없다고 여겨 천대하는 조선에는 있고, 신앙의 대상으로까지 삼아 간절하게 소망하는 일본에는 없는 것은 역설적이지만 당연한 일이었다. 조선은 불교시대를 이미 지났으니 선진국이고, 일본은 불교가 한창이니 후진국이었다. 조선은 대장경을 만들 만큼 선진화했기 때문에 대장경을 대단치 않게 여기는 그 다음 단계로 들어섰고, 일본은 대장경을 만들지 못하는 후진국이어서 대장경을 더욱 대단하게 여겼다.

　선진국인 한국은 자기 대장경을 거들떠보지 않는데, 후진국인 일본은 남의 대장경을 골똘하게 섬기고 연구하는 것이 또한 당연한 일이다. 있는 것은 대단치 않아 그 가치를 잊고, 없는 것은 없기 때문에 더욱 숭상해서 그 가치를 확대하게 마련이다. 일본에서 대장경을 대단하게 여기니 조선에서도 대장경의 쓰임새를 재인식하지 않을 수 없었다.

조선의 대장경이 일본에 가서 그 진가를 발휘했다. 대장경을 만든 곳과 숭앙한 곳이 구분되어 서로 돕는 결과를 가져왔다. 일본뿐만 아니라 대장경을 필요로 하는 다른 여러 국가나 집단이 대장경을 매개로 해서 동일문명권의 일원임을 확인했다. 문명권의 동질성은 그대로 유지되는 동안에 그 안의 선진과 후진은 교체되었다. 조선의 불교문화는 쇠퇴의 길에 들어서는 데 비례해서 일본의 불교문화는 더욱 융성해서, 선진이 후진이고 후진이 선진이며, 승리가 패배이고 패배가 승리인 원리를 구현했다.

중세후기 동안에는 한국의 대장경을 가져가기만 하던 일본이 중세에서 근대로의 이행기에는 대장경을 독자적으로 판각했다. 그래서 이룬 성과는 그리 크지 않았으나 후일을 기약하는 기반을 마련했다. 일본이 근대화를 먼저 이룩하고, 유럽문명권에서 받아들인 활판인쇄술을 활용하는 데 앞장서자 사태가 역전되기에 이르렀다. 《고려대장경》을 근간으로 해서 불교 한문경전을 다시 집대성한 근대의 출판물을 《大正新修大藏經》이라는 이름으로 내놓는 일은 일본에서 맡아 수행했다.

그런 과업을 수행한 전후의 시기에 일본의 불교학이 크게 일어났다. 한문경전과 산스크리트경전을 비교해서 연구하는 작업을, 산스크리트경전을 한문으로 번역하던 시대 이후에 세계 최초로 일본에서 했다. 그래서 불교가 하나이게 한 것은 획기적인 의의를 가진다. 그래서 오늘날 한국의 승려나 학자들은 불교학을 일본에서 배워 와야 하는 형편이 되었다. 그것은 후진이 선진이 되고, 선진이 후진이 되는 역전현상의 전형적인 본보기의 하나이다.

그렇다고 해서 일본이 언제까지나 선진일 수 있는 것은 아니다. 불교학을 포함한 여러 학문을 하는 데 필요한 책이 일본에는 많고 한국에는 적기 때문에 한국에서 더욱 분발하는 것이 과거의 선례에 비추어볼 때 당연한 일이다. 일본학계는 미세한 문제에 대한 고증적인 연구에 몰두하고 있는 동안에 역사철학의 재정립을 요구하는 거대한 논의를 한국학자가 먼저 펴내는 것이 전환의 조짐이다.

중국은 동아시아의 중심국가인 '천자'의 나라였으며, 대장경을 처음 만들어 동아시아 각국에 공급했다. 그러나 그 때문에 중국이 곧 동아시아라고 여기는 것은 잘못이다. 분야마다 '中西'를 비교한다는 것은 빗나간 발상이다. 국가와 문명은 적절한 비교단위일 수 없다. 중국이 대국주의의 환상을 버리고 동아시아의 이웃에 대해서 진지한 관심을 가져야 한다고 깨우쳐주려 하면서 한국학계에서 동아시아문화 일반론을 전개하는 것도 변화의 계기이다.

이제는 동아시아문명권 내부의 우열을 다툴 시대가 아니다. 자국 학문의 우위를 입증하겠다는 좁은 생각을 버리고 동아시아에 대한 공동의 연구를 하는 데 노력을 기울여, 대장경문명권 전체의 역량을 점검하고 재창조해야 한다. 유럽중심주의의 편견을 극복하고, 문명은 충돌한다는 생각을 시정하면서, 인류의 미래를 바람직하게 개척하는 데 동아시아가 적극 기여하기 위해서 동아시아 각국의 학자들은 지혜를 모아야 한다.

유럽문명권과 다른 여러 문명권 사이에서 선진이 후진이고 후진이 선진임을 입증해 인류가 화합을 이룩해 함께 나아가도록 하는 데 동아시아 학자들이 앞장을 서야 한다. 동아시아 비교문화연구의 의의가 거기 있다고 생각한다. "運平等之慈 忘自他之別"을 인류의 미래상으로 제시하는 것이 마땅한지 검증하는 과제를 안고 분투하자. 그리고 동아시아비교문화 국제학술회에서 그 과업의 일단을 성실하게 수행하기 위해, 산만한 내용의 개별발표는 피하고 공동의 주제에 관한 심도 있는 토론을 하는 데 힘쓸 것을 제안한다.

민족해방을 위한 자아각성[1]

말머리

한용운은 《님의 沈默》 말미의 〈讀者에게〉에서 다음과 같이 말했다.

讀者여 나는 詩人으로 여러분의 앞에 보이는 것을 부끄러워합니다.

여러분이 나의 詩를 읽을 때에 나를 슬퍼하고 스스로 슬퍼할 줄 압니다.

나는 나의 詩를 讀者의 子孫에게까지 읽히고 싶은 마음은 없습니다.

그때에는 나의 詩를 읽는 것이 늦은 봄의 꽃수풀에 앉아서 마른 菊花를 비벼서 코에 대는 것과 같을는지 모르겠습니다.[2]

---

1) 이 글은 1999년 8월 15일 백담사에서 열린 만해학국제학술회의에서 발표했다. 원래의 제목은 〈만해문학의 사상적 의미〉였다.

이에 대한 응답을 말머리로 삼는다.

萬海여, 나는 당신을 예사 詩人으로 보는 것을 부끄러워합니다.

우리가 당신의 詩를 그릇 읽으면 당신을 슬프게 하고 스스로 슬퍼할 줄 압니다.

나는 당신의 詩를 讀者의 子孫 대대로까지 읽을 마음이 있게 하려고 합니다.

그때에도 지금도 거듭 피는 봄꽃의 화려함을 갖추지 못하고 마른 菊花 같다고나 할 당신의 시에 깃들어 있는 깊은 깨달음을 찾을는지 모르겠습니다.

깨달음의 근거

萬海 韓龍雲(1879~1944)은 《님의 침묵》을 1926년에, 또한 《十玄談註解》를 같은 시기에 함께 짓고 나란히 출판했다.[3] 《십현담

---

2) 서울 : 匯東書館, 1926년, 168면. 다른 것은 그대로 두고, 띄어쓰기를 포함한 정서법은 고쳐 인용한다.
3) 다음 사실에서 그 점을 확인할 수 있다.

	十玄談註解	님의 沈默
집필 장소	五歲庵(〈序〉에서)	雪嶽山(〈讀者에게〉에서)
탈고 일자	乙丑 六月 七日 畢	八月 二十日밤 끝
인쇄 일자	大正 十五年 五月 十日	大正 十五年 五月 十五日
발행 일자	大正 十五年 五月 十五日	大正 十五年 五月 二十日
인쇄자	權泰均	權泰均
인쇄소	大東印刷株式會社	大東印刷株式會社
발행소	法寶會	匯東書舘

주해》는 한문으로 쓴 불교저술이어서 《님의 沈默》과는 언어사용이나 저술의 성격이 아주 다르지만, 나타내고자 한 사상의 기본내용에서는 상당한 연관이 있을 것으로 보아 마땅하다.[4]

《십현담주해》는 중국 고승 常察(?~961)이 지은 《十玄談》[5]이라는 시를 풀이한 책이다. 중국에서 淸凉(885~958)이 주해를 하고, 한국에서 金時習(1435~1593)이 승려가 되어 설악산 五歲庵에 머무를 때 다시 주해했다. 김시습의 《十玄談要解》에 常察의 시, 淸凉註, 그리고 悅卿註라고 한 김시습의 주해가 나란히 수록되어 있다. 悅卿은 김시습의 字이다. 한용운은 바로 그 자리, 五歲庵에서 김시습의 주해를 읽고 "接人於數百年之後 而所感尙新"[6](사람과 접한 것은 수백 년 뒤의 일이지만, 느낀 바는 오히려 새롭다)이라고 한 감회를 적어 《십현담주해》를 마련했다.

김시습과 한용운은 설악산 五歲庵에서 500년의 간격을 두고 두 사람 다 〈十玄談〉을 주해한 것 이상의 공통점이 있다. 두 사람 다 승려이기도 하고 속인이기도 했다. 불교수행과 현실참여를 함께 했다. 철학과 문학을 연결시켜, 한국사상사에 커다란 자취를 남긴 뛰어난 시인이었다. 그러면서 한용운은 김시습보다 한걸음 더 나

이 두 책은 같은 장소에서 같은 시기에 써서, 같은 인쇄소에서 함께 인쇄를 했다. 출판사만 다르다. 책의 성격이 상이하므로, 하나는 불교서적 보급소에서, 다른 하나는 상업적인 출판사에서 냈다.

4) 한용운의 《十玄談註解》는 《한용운전집》 5(서울 : 신구문화사, 1973)에 조명기의 해설과 함께 번역되어 있으며 ; 한종만, 〈한용운의 '십현담주해'에서 본 진리관과 禪論〉, 《한용운 사상 연구》 2(서울 : 민족사, 1981) ; 임성조, 〈만해시의 禪의식에 관한 고찰〉, 《만해학보》 2(서울 : 만해학보, 1995)에서 연구했다.

5) '心印', '祖意', '玄機', '塵異', '演敎', '達本', '還源', '廻機', '轉位', '一色'으로 이루어진 열 개의 항목에 관한 7언시 각 8수씩 모두 80수로 이루어져 있으며, 《景德傳燈錄》 권제 29, 《大正新修大藏經》 51, 455면에 수록되어 있다.

6) 맨 앞의 〈序〉에서 한 말이다.

아갔다.

경전을 주해하는 것은 오랜 사상 계승하면서 혁신하고자 하기 때문이다. 그러면서 계승과 혁신의 비중은 경우에 따라 다르다. 淸凉註·悅卿註·萬海註는 그 점에서 단계적인 차이가 있다. 淸凉註는 원문을 이해하는 데 필요한 설명을 하는 데 힘썼다. 悅卿註와 萬海註는 주석자의 기본임무를 수행을 넘어서서 자기 나름대로 이해하고 생각한 바를 나타냈다.

悅卿註는 계승과 혁신을 함께 했다. 淸凉註를 먼저 들고 자기 말을 한 것은 계승에 뜻을 두었기 때문이다. 그러면서 淸凉註와는 다른 견해를 폈다. 근본으로 돌아가야 한다는 생각마저 버리고 주어진 그대로의 삶을 자유자재로 누려 마땅하다고 했다.[7] "於一塵中 轉大法輪 以一圓音曲順機宜 如春風動地 千花萬卉各自敷榮"[8] (한 티끌 가운데서 커다란 법률을 굴려, 한 圓音이 曲機와 順機에 다 맞도록 해 봄바람이 땅을 움직이고, 천만 가지 꽃이 저절로 무성하다)이라고 하는 데 그런 생각이 잘 나타나 있다.

萬海註에서는 혁신에 더욱 힘썼다. 우선 서술방식의 차이에서 그 점이 드러난다. 한용운은 앞사람들의 주해는 들지 않고, 스스로 깨달은 자기 말만 했다. '批'에서 한두 마디 짧은 말을 적고 그것을 풀이한 '註'를 내놓았다. '批'는 할 말을 최대한 압축한 시이고, '註' 또한 대부분 4언을 연속시키면서 비유와 암시를 일삼아 산문이라고 하기 어렵다.

---

7) 한종만, 〈雪岑의 十玄談要解와 曹洞禪〉, 《梅月堂─그 문학과 사상》(춘천 : 강원대학교출판부, 1989) ; 《한국불교사상의 전개》(서울 : 민족사, 1998), 332~346면에서 그 점에 관해 자세하게 고찰했다.

8) 《한국불교전서》 7(서울 : 동국대학교출판부, 1986), 315면.

‘祖意’라는 항목을 풀이한 말을 보자. 淸凉註에서는, 祖師의 뜻이 잘 이어지는 것이 마땅하다고 했다.[9] 悅卿註에서는 조사의 뜻은 문자를 보고 이어받을 수 없고 문자를 떠나서 이어받을 것도 아니므로, 분별을 하지 말고 바로 깨달아야 한다는 말을 기발한 비유를 통해 나타내서, 예사 사람은 무슨 뜻인지 알아차리기 어렵게 했다.[10] 이에 대해서 한용운은 다음과 같이 말했다.[11]

  [批] : 博地凡夫 本自具足 一切賢聖 道破不得

  넓은 땅에 사는 범부는 본디 스스로 만족함을 갖추고 있으며, 일체의 성현은 도리를 모두 할 수 없다.

  [註] : 祖師之意 何嘗有意 衆生有意 祖師亦意 祖意者 衆生之意也

  조사의 뜻이라는 것에 어찌 일찍이 뜻이 있었으리오. 중생의 뜻이 있으니 조사 또한 뜻이 있다. 조사의 뜻이란 중생의 뜻이다.

[批]에서 “博地凡夫 本自具足 一切賢聖 道破不得”은 한용운 사상의 핵심을 나타내는 말이라고 할 수 있다. 낮은 자리에 있는 예사 사람들인 ‘凡夫’는 삶을 누리기나 하고, 높은 위치에 오른 스승

---

9) “若不指南 云何措足”(방향을 가르쳐주는 것이 없으면, 어찌 제대로 베풀어준다고 하겠는가)이라고 한 것이 그 말이다(같은 책, 311면).

10) “若於文字上薦得 猶且不堪 況於沒文字上薦得 何啻白雲萬里 直須未屙已前承當始得”(문자에서 이해를 얻으려고 해도 오히려 얻을 수 없는데, 하물며 문자를 잊고 이해를 얻겠느냐, 어찌 다만 백운이 만 리일 뿐이겠는가, 뒷간에 가기 전에 받아들여야, 비로소 이해된다)이라고 했다(같은 책, 311면). 백운이 만 리란 것은 공허한 생각이라는 말이고, 뒷간에 가기 전은 절실한 느낌이 들기만 하고 아직 시비분별은 하지 않은 때라고 한 것이 아닌가 하는데, 과연 그런지 모르겠다.

11) 같은 책 4면.

인 ‘賢聖’이 그 이치를 밝혀 논한다. 그러나 “一切”의 賢聖을 다 모아도 “博地”의 凡夫만큼 많을 수는 없어, 한정된 능력으로 무한한 진실을 모두 설파할 수는 없다. 범부가 누리고 있는 “本自具足”한 경지는 아무런 차등이 없이 원만하기만 해서 말이 모자라 전하기 어렵다.

[批]에서 한 말을 풀이한 [註]에서는 ‘凡夫’ 대신에 ‘衆生’이라는 말을, ‘賢聖’ 대신에 ‘祖師’라는 용어를 사용했다. 세상에서 널리 통용되는 용어 대신에 불교 내부의 용어를 사용해서 논의를 더욱 구체화했다고 할 수 있다. 그러면서 가르침의 스승인 祖師란 특이한 사람이 아니고 중생일 따름이라고 했다. 조사의 뜻이란 중생의 뜻에 지나지 않는다고 했다. 그렇다면 중생은 조사를 숭상하고 조사의 뜻을 따라야 한다고 할 이유가 없다. 중생이 스스로 자기 자신의 뜻을 알아차리는 것이 깨닫는 길이다.

‘塵異’라는 항목에서는 견해차가 더 많이 벌어졌다. ‘塵異’의 뜻이 淸凉註에서는 祖師는 예사 사람과 다르다는 것이라고 했다.[12] 悅卿註에서는 조사가 비록 티끌 가운데 있어도 더럽혀지지 않는다고 했다.[13] 한용운은 “離塵而不隔 處塵而不混”(티끌에서 떠났어도 간격이 있는 것은 아니고, 티끌에 있어도 뒤섞이지 않는다)이라고 해서,[14] 조사는 티끌 속에 있다는 사실을 강조해서 말했다.

그 대목의 첫 번째 시 “濁者自濁淸自淸”(탁한 것은 스스로 탁

---

12) “祖師出世 密運玄機 雖則同塵 超然有異 故曰塵異”(조사는 세속을 벗어나 기운이 은밀하고 기틀이 아득하니, 비록 티끌은 같다고 해도 아득하게 다른 바가 있어, 티끌이 다르다고 한다)라고 했다(같은 책, 312면).

13) “聖人雖在塵勞中 如蓮出水 不爲淤泥所染”(조사는 비록 티끌 가운데서 애쓰지만, 연꽃이 물에서 솟아난 것 같아, 더럽혀지지 않는다)이라고 했다(같은 책, 314면).

14) 《十玄談註解》(서울 : 法寶社, 1926), 11면.

하고, 맑은 것은 스스로 맑다)이라고 한 것을 두고 淸凉註에서는
혼탁한 가운데 청정한 것이 있다는 말이라고 했다.[15] 悅卿註는 없
어 특별히 주목할 대목은 아니라고 했다. 그런데 한용운은 다음과
같이 말했다.[16]

　　[批] : 春光妙在各自得　堪笑種蘭剪荊棘.

　　봄빛이 절묘함을 각기 얻어 지녔는데, 우습구나 난초를 심었
다고 가시는 잘라버리는 것은.

　　[註] : 濁者淸者　各有妙理　在濁不爲劣　在淸不爲高　奚取奚捨
且濁不離淸　淸不離濁　萬水一源　所以異者　波流之境也.

　　흐린 것이든 맑은 것이든 각기 묘한 이치를 갖추고 있다. 탁
한 데 있다고 해서 열등한 것도 아니고, 맑은 데 있다고 해서
고귀한 것도 아니니, 무엇을 취하고 무엇을 버리겠는가. 또한
탁한 것은 맑은 것을 떠나 있지 않고, 맑은 것은 탁한 것을 떠
나 있지도 않다. 만 가지 물이 한 근원에서 나왔으며, 다른 것은
물의 흐림일 따름이다.

더러운 것과 맑은 것은 구별이 없다고 했다. 더러운 데 맑은 것
이 있고, 맑은 데 더러운 것이 있다고 했다. 더러운 곳을 떠나서
맑은 것을 찾지 말고, 더러운 데서 맑은 것을 찾는 것이 도리라고
했다. 그렇기 때문에 초탈한 데서 머무르지 말고, 현실 속으로 들

---

15) "六塵四大　萬別千差　生滅狂情　實爲混亂　眞如妙覺　戒定慧門　至理淸淨　塵中自
　　異"(六塵과 四大는 천차만별이고, 生滅을 일으키는 미친 情은 진실로 혼란되어
　　있으나, 眞如妙覺과 戒定慧門의 지극한 이치 맑은 것이 티끌 가운데 있어서도
　　스스로 다르다)라고 한 것이 그런 말이다(같은 책, 314면).
16) 같은 책, 11면.

어가야 한다. 현실을 있는 그대로 받아들이자는 것은 아니다. 무엇이 정당한가 찾아 그릇된 현실을 비판하고 개조해야 한다.《십현담주해》에서《님의 침묵》으로 나아가야 할 이유가 거기 있다.

현실로 회귀하는 길

한용운이《십현담주해》를 쓰던 시기는 唐宋 시절도 아니고 조선왕조 때도 아니다. 일제에 주권을 빼앗기고 민족의 삶이 유린된 식민지시대였다. 한용운은 김시습보다 더 큰 고민을 해야 했다. 삼일운동에 나섰다가 투옥된 다음에 설악산에 들어갔다. 불법을 찾아 시대를 잊고자 한 것이 아니다. 새로운 각오를 얻고자 해서 산중으로 들어갔다. 밖으로 나오기 위해서 들어갔다.

한용운은 앞시기의 禪師들과 아주 다른 생각을 가지고 시대의 도전과 맞서야 했다. 마음을 바르게 하는 데 그치지 않고, 세상을 구하기 위해 싸워야 했다. 그렇게 하기 위해서《님의 침묵》이라고 하는 신시의 시집을 내놓아야 했다. 불교 공부를 한문을 통해서 하는 소수의 독자만 상대하지 말고, 불교에는 관심이 없고 한문을 멀리하는 더 많은 독자와 만나 대토론을 벌여야 했다.

〈十玄談〉의 여섯째 대목은 ‘達本’이고, 그 다음 대목은 ‘還鄉’이다. 불법을 닦아 근본에 도달했으니, 현실을 되찾아 고향으로 돌아와야 했다. 그러나 현실을 있는 그대로 긍정하지 않고 싸워서 개조해야 하므로 ‘還鄉’이 ‘破還鄉’이라고 한 것은 〈十玄談〉에서 이미 한 말이다. “還鄉曲調何如唱”(고향에 돌아왔으니 어떤 노래를 부를까)이라고 한 원문의 시를 다음과 같이 풀이한 말에[17]《님의 침묵》에서 어떤 노래를 불러야 하는가 고민한 바를 토로해 놓 있다고 할 수 있다.

　　[批] : 漁歌樵笛.
　　어부의 노래이고, 나무꾼의 젓대이다.
　　[註] : 以還鄕爲不可　而至於破還鄕　則還鄕曲調　如何唱道　方
免得破　五音實難妙唱.
　　고향에 돌아왔다고 하는 것이 불가하다고 해서 고향에 돌아
온 것을 파괴했으니, 고향에 돌아온 노래를 어떻게 불러야 하
는가, 바야흐로 파괴를 했으니, 다섯 가지 소리를 묘하게 노래
하기가 참으로 어렵다.

　　고향으로 돌아왔으면 어부의 노래나 나무꾼의 젓대로 누구나
즐겁게 해야 한다. 누구든지 아는 노래를 모두 함께 불러야 한다.
그러나 노래 부르면서 즐기기만 하는 것은 잘못이다. 고향에 안주
하지 못하게 하는 노래를 불러 더러운 데서 맑은 것을 찾아야만
한다. 세상을 깨우치고, 싸움을 시작해야 한다. 《십현담주해》에
서 《님의 침묵》으로 나아간 커다란 비약이 어떤 의의를 가졌는가
분명하게 나타내는 노래를 불러야 했다.
　　《님의 침묵》의 〈禪師의 說法〉에서 사랑의 쇠사슬에 묶여 고통
을 받지 말라고 하는 말을 물리치고, "大解脫은 束縛에서 얻는 것
입니다"라고[18] 한 데 새로운 결단이 요약되어 있다. 현실 속으로
들어가 현실의 고민을 끌어안는 것은 속박이다. 그러나 그 속박에

---

17) 같은 책 23면.
18) 《님의 沈默》, 78면.

서 얻는 해탈이 진정으로 위대한 해탈이다.

그런 시를 어떻게 써야 할 것인가?《唯心》이라는 잡지를 낼 때 쓰던 시를 다시 쓰면 떠난 길을 되돌아온 보람이 없다. 국문으로 쓰고, 쉽게 쓰면 되는 것은 아니다. 그런 정도의 “漁歌樵笛”으로는 속박의 의미도 대해탈의 목표도 나타낼 수 없어 고향에 돌아온 것을 파괴하지 못한다. 김소월이나 이상화처럼 영탄하고 마는 것은 마땅하지 않다.[19]

해답은 누구나 그리워서 찾는 ‘님’이 예사 ‘님’이 아니라고 하는 것이다. ‘님’을 그리워하는 것은 속박이다. 현실로 돌아오게 하는 속박이다. 현실의 문제를 해결하기 위해서 아득하게 멀고 높은 ‘님’에게로 스스로 나아가는 것이 해탈이다. 두 가지 의미를 함께 지니는 ‘님’의 노래를 쓰는 것이 적절한 방법이다.

‘님’은 현실을 발견하게 하고, 현실의 문제를 높은 차원에서 해결하지 않도록 한다. 자기를 낮추도록 하고, 위대한 것을 스스로 깨닫게 한다. 님이 떠나가서 없거나 침묵하고 있다는 것은 국권의 상실이고, 시대의 불행이고, 외톨박이가 된 고독이고, 마음의 근본을 잃은 번민이다. 마음의 근본을 되찾는 내면적인 자각에서 앞에서 든 시련을 해결해야 한다고 하고 한용운은 시를 써서 일깨워주었다.

---

19) 〈김소월·이상화·한용운의 님〉,《우리 문학과의 만남》(서울 : 홍성사, 1978 ; 기린원, 1988)에서 님을 노래한 세 시인의 시를 비교해서 고찰했다.

아시아 시인의 사명

한용운이 내면적 각성의 노래를 '님'을 찾는 말로 구현한 데는 타고르(Tagore)의 영향이 있었다.[20] 시를 다시 쓰는 마땅한 방법을 찾고 있을 때 타고르의 시를 보고, 방향 전환을 하는 데 도움을 얻을 수 있었다고 생각된다. 그 무렵 타고르에 관한 관심이 광범위하게 생겼으며, 김억이 번역해 1924년에 출간한 《園丁》은 《님의 침묵》과 구성이나 어법에서 주목할 만한 공통점이 있다. 〈타골의 詩(GARDENISTO)를 읽고〉가 《님의 침묵》에 수록되어 있는데, "Gardenisto"는 영어로는 "Gardener"라고 한 《원정》의 에스페란토 명칭이다.

그러나 한용운은 타고르에게 감명을 받기도 하고, 불만을 가지기도 했다. 그 시에서 타고르를 "벗이여 나의 벗이여 愛人의 무덤 위에 피어 있는 꽃처럼 나를 울리는 벗이여"라고 부르고서, "눈물이 능히 떨어진 꽃을 옛 가지에 도로 피게 할 수는 없습니다"라고 했다. 다시 "그의 무덤을 黃金의 노래로 그물치지 마서요. 무덤 위에 피 묻은 旗대를 세우서요"라고 했다.[21]

타고르의 시집 가운데 《원정》보다 《기탄잘리》(*Gitanjali*)가 한용운의 시와 더욱 근접하다. 타고르가 거기서 줄곧 '님'을 찾은 것과 같은 노래를 한용운도 지어 불렀다. 영향관계에서보다 독립발

---

20) 김용직, 〈Rabindranath Tagore의 영향〉, 《한국근대시연구》(서울 : 일지사, 1974) ; 김재홍, 《한용운문학연구》(서울 : 일지사, 1982), 212～232면을 위시한 여러 선행연구에서 그 점을 밝혀 논했다.
21) 《님의 沈默》, 131～132면.

생에서 유사성이 한층 크게 나타난다. 그것은 같은 시대의 도전에 대응하는 정신적인 자세가 상통했기 때문이다.

근대화한 군사력과 경제력으로 세계를 유린하는 제국주의 침략을 다른 여러 곳과 함께 겪어 인도도 한국도 식민지가 되었다. 개화파로 자처하는 사람들은 패배를 자인하고, 오랜 사고방식을 일거에 개조해 그쪽을 따라야 한다고 했다. 그러나 오랜 문명의 이상주의에서 각성의 근거를 찾아, 갈등에 대해 화합으로, 침략에 대해서 평화로 맞서는 고차원의 투쟁을 전개하는 정신적인 지도자가 있어 사태가 절망적일 수 없었다.

타고르와 병칭되는 또 한 사람의 인도 시인 이크발(Iqbal) 또한 그런 사람이었다. 이크발은 한용운과 아무런 직접적 관련이 없고, 한국에는 지금까지도 소개되지 않았지만, 함께 고찰할 필요가 있다. 타고르와 한용운의 공통점을 영향관계의 결과로 보는 견해를 넘어서기 위해서 시야를 확대해야 한다. 세계사의 위기극복에 대한 광범위한 논의를 시작해야 한다.

타고르(1861~1941), 이크발(1873~1938), 한용운(1879~1944)은 동시대에 서로 상통하는 일을 한 사상가이고 시인이다. 힌두교·이슬람교·불교를 근거로 한 내면적 각성을 가지고 외세의 침략에 항거하는 주체적인 자세를 가다듬고, 살벌한 시대를 종식시키고 평화를 이룩하자고 하는 인류의 이상을 표명했다. 서로 다른 종교에서 보편적인 진리에 대한 공통된 확신을 가져, 침략자가 자랑하는 근대문명에 대해서 열등의식을 가지지 않고, 그 잘못을 깨우칠 수 있었다.

문학사에서 커다란 위치를 차지한다고 평가된 점은 세 시인이 모두 같다.[22] 그러나 타고르와 이크발은 철학사에서도 크게 다루는데,[23] 한용운은 아직 그렇지 못하다. 그 이유는 한용운은 철학을 하지 않았기 때문이 아니다. 한국의 경우에는 아직 근대철학사가 씌어지지 않았고, 거기 포함시킬 한용운철학에 대한 연구가 제대로 이루어지지 않았기 때문이다.

세 사람에 관한 구체적인 비교를 여러 측면에서 할 수 있다. 오랜 종교를 새롭게 이어받자고 주장하는 논설을 쓴 것은 타고르와 한용운이 함께 한 일이다. 고전어인 페르시아어와 한문을 현대어와 함께 사용한 점은 이크발과 한용운의 공통점이다. 타고르와 이크발은 영어로도 글을 쓰고 영국에서도 평가를 얻었으나, 한용운은 일본어는 사용하지 않았으며 일제에 박해받고 항거하는 생애를 보내기만 했다.

세 시인의 시를 하나씩 들어보자. 첫째 시는 타고르의 《기탄잘리》 첫 수, 둘째 시는 이크발의 〈신의 명령〉(God's Command), 셋째 시는 한용운의 〈당신을 보았습니다〉에서 가져왔다.

님께서 이 몸을 무한하게 하셨나이다. 이것이 님의 기쁨입니다. 연약한 이 그릇을 비우고 비우시어 항상 새로운 생명으로 채우시나이다.

이 가냘픈 갈대피리를, 님은 산을 넘고 골짜기를 넘어서 자겨오셔서 영원히 새로운 멜로디를 불어넣으셨나이다.

---

22) 타고르는 V. K. Gokak, *History of Modern Bengali Literature*(Calcutta : Nidern Book, 1986), 215~289면에서, 이크발은 Ali Jawad Zaidi, *A History of Urdu Literature*(New Delhi : Sahitya Akademi, 1993), 291~308면에서, 한용운은 조동일, 《한국문학통사》 5(서울 : 지식산업사, 제3판 1994), 180~184면에서 다루었다.

23) K. Damadaran, *Indian Thought, a Critical Survey*(London : Asia Publishing House, 1967)에서 타고르는 419~427면에서, 이크발은 428~434면에서 다루었다.

不死의 님의 손길이 닿자, 이 가냘픈 가슴은 기쁨에 좁은 울이 터져 이루 형용할 수 없는 말을 하나이다.

님의 무궁한 선물은 극히 작은 이 손을 타고 오나이다. 세월이 흘러도 님께서는 끝없이 퍼붓지만 아직도 채울 곳이 남았나이다.[24]

가난한 나의 백성이여 일어나 잠을 깨라.
부자들의 궁전 그 밑바닥을 흔들어라.
신념의 불을 당겨 노예의 피를 덥혀라.
참새에게 매와 싸울 수 있는 힘을 주어라.
추수하지 못할 쭉정이 이삭일랑
하나도 남기지 않고 태워버려라.
근대문명이란 유리를 달구어 만든 물건이라,
동방의 시인은 격분해 부셔버리게 한다.[25]

나는 집도 없고 다른 까닭을 겸하여 民籍이 없습니다.

"民籍이 없는 者는 人權이 없다. 人權이 없는 너에게 무슨 貞操냐" 하고 凌辱하려는 將軍이 있었습니다.

그를 抗拒한 뒤에 남에게 대한 激憤이 스스로의 슬픔으로 化하는 刹那에 당신을 보았습니다.

아아 온갖 倫理, 道德, 法律은 칼과 黃金을 祭祀지내는 煙氣

---

24) *Collected Poems and Playes of Rabindranth Tagore*(London : MacMillan, 1936), 3면 ; 유영 역, 《타고르선집》(서울 : 혜원출판사, 1994), 179면. 한용운의 시에서처럼 '임'을 '님'으로 표기하고, 한자를 노출하면서 인용한다.
25) Syed Abdul Vahid, *Iqbal, His Art and Thought*(London : John Murray, 1959), 117면.

인 줄을 알았습니다.

　永遠의 사랑을 받을까 人類歷史의 첫 페이지에 잉크칠을 할
까 술을 마실까 망설일 때에 당신을 보았습니다.[26]

타고르의 시는 간절한 기도다. 그것은 그 나름대로 역사적 유
래가 있기 때문이다. 《베다》(*Veda*)와 《우파니샤드》(*Upanishad*)
에 근거를 두고 카비르(Kabir)가 천지만물을 만들어내는 우주의
본체가 진정한 자아와 일치하는 것을 확인하는 시를 쓴 전례를
따랐다.[27]

　이크발의 시가 격문과 같은 것도 오랜 연원이 있기 때문이다.
초월적인 진리를 이 세상에 펴라고 한 《쿠란》(*Quran*)을 따라, 정
신을 바로잡는 성스러운 싸움을 벌인 여러 시인 특히 페르시아의
시인 루미(Rumi)가 한 일을 다시 했다.[28] 이크발은 페르시아어시
를 쓰면서 그 전통을 직접 이어받고, 자기 언어인 우르두어(Urdu)
로도 시를 썼다.

　한용운의 시가 놀라운 역설로 이루어진 것도 유래를 찾아 이해
할 일이다. 불경에서 시작해, 〈十玄談〉을 짓고 주해한 선승들과
만나고, 김시습을 이어, 있음이 없음이고 없음이 있음임을 무기로
삼아 그릇된 현실과 대결했다. 한문저술과 한시가 연결의 고리이
다. 그러나 김시습이나 다른 선행시인들과 한용운의 관계는 아직

---

26) 《님의 침묵》, 65～66면.
27) 카비르의 시 100편을 골라 번역해, Rabindranath Tagore tr., *A Hundred
　　 Poems of Kabir*(London : Indian Society, 1914)를 냈다.
28) Iqbal Singh, *The Ardent Pilgrim, an Introduction to the Life and Work of
　　 Mohammed Iqbal*(Delhi : Oxford Uiversity Press, 1995), 112～114면 등 여러
　　 곳에서 밝힌 바와 같이, 이크발은 13세기 페르시아시인 루미를 자기 스승으로,
　　 루미의 장시 《二行聯句集》(*Mathnawi*)을 모형으로 삼았다.

밝혀지지 않아 장차 연구해야 할 과제로 남아 있다.

타고르와 이크발은 영국의 인도 통치를 일단 수긍해 작품을 영어로도 써서 영국에서 평가를 얻었으며, 영국왕이 수여하는 작위를 받았다. 영국의 식민통치에 대해서 타고르는 우회적으로, 이크발은 직접적으로 비판한 차이점 때문에 두 사람의 처지가 달라지지는 않았다. 그러나 한용운은 자기 시대의 풍조를 거슬러 살아, 일본어는 사용하지 않았고, 일본문단과는 전혀 무관했으며, 식민지통치를 거부해 "民籍"을 하지 않았다.

그렇지만 타고르·이크발·한용운은 절대적인 존재를 찾아 지금 당면하고 있는 어려움을 해결하자고 하는 시를 쓴 점에서 서로 다르지 않다. 타고르는 '님'에게 기원해, 자기의 결핍을 채워달라고 했다. 이크발은 '신'의 명령을 받아, 적대자를 물리치는 싸움을 할 용기와 지혜를 가지자고 했다. 한용운은 '당신'을 보았으므로, 투쟁하다가 절망에 빠지고 허무주의자가 되는 잘못에서 벗어날 수 있다고 했다.

'님', '신', '당신'이라고 일컬은 절대자가 각기 힌두교·이슬람교·불교의 신앙을 나타낸다고 구분해서 논하는 것은 적절하지 못하다. 그 어느 쪽이든 있는 그대로 상태의 불행에서 벗어나기 위해서 추구해야 할, 있어야 할 것을 뜻할 따름이다. 있어야 할 것이 무엇인가? 이에 대해 시인의 대답에는 서로 다른 측면이 있다.

타고르는 언제나 새로워지는 정신을 갖추어 영원한 생명에 동참하기를 원했다. 이크발은 유럽근대문명의 침략과 맞서서 싸울 수 있는 지혜와 용기를 갖추고자 했다. 한용운은 침략자에게 분노해 파괴로 일관하는 투쟁에 몸을 내맡기지 않고, 평화와 화합의 이상을 잊지 말자고 했다. 타고르의 이상주의와 이크발의 현실주의가 둘이 아니고 하나임을 한용운은 일깨워주었다.

민족해방의 논리

일본은 서양을 배우고 따라 제국주의 대열에 들어섰다. 서양을
스승으로 삼아 일본이 새로운 나라가 되어야 한다고 한 주장이
그 나름대로 타당했다고 할 수 있다. 일본의 식민지가 된 조선도
그렇게 해야 하는가? 이광수는 그렇게 믿고 〈民族改造論〉에서
다음과 같이 말했다.

只今은 改造의 시대이다. …… 朝鮮人이 各個人으로 또는 一
民族으로 文明한 生活을 經營할 만한 實力을 가지게 된 後에야
비로소 그네의 運命을 그네의 意見대로 決定할 資格과 能力이
생길 것이니, 그때야 同化를 하거나, 自治를 하거나, 또 世界的
意義를 가진 大革命을 하거나 그네의 意思대로 自處할 것이외
다.[29]

한용운은 〈朝鮮獨立의 書〉에서 우리나라가 독립을 해야 할 이
유를 다음과 같이 말했다.

自由는 萬有의 生命이요 平和는 人類의 幸福이다. …… 自族
이 他族의 干涉을 受치 아니하려 함은 人類 通有의 本性이니,
此에 대하여서는 他物이 此를 防遏치 못할 뿐 아니라, 自族이

---

29) 《이광수전집》 10(서울 : 삼중당, 1971), 116, 132면.

스스로 自族의 自存性을 抑制코저 하여도 不可能이라.[30]

위의 두 인용구에서 말한 바와 같이, 한쪽에서는 민족'改造'론을, 다른 한쪽에서는 민족'自存'론을 폈다. 그 둘을 '改造'와 '自存'이라고 약칭하기로 한다. '改造'와 '自存'은 동시대의 상황에 대한 서로 다른 주장이었을 뿐만 아니라, 철학의 근본원리에 관해서도 상반된 견해이고, 오늘날에 이르러서도 첨예하게 벌어지는 대립과 논란의 논거가 된다.

'改造'와 '自存'은 일제의 식민지 통치에서 해방되어 독립을 하는 시기와 방법에 대해서 서로 다른 주장을 펴는 근거가 되었다. 이광수는 우리 민족이 "文明한 生活을 經營할 만한 實力을" 갖추는 '改造'의 과정을 거친 다음에야, 일본에게 동화되든지, 일본의 일부로 남아 자치를 하든지, 독립을 하든지, 스스로 진로를 결정할 수 있다고 했다. 한용운은 인류는 누구나 누려 마땅한 '自存'을 실현하기 위해서 즉시 독립을 해야 한다고 했다.

'改造'론에서 '自存'론을 향해서, "실력을 기르지 않고 어떻게 독립을 할 수 있는가?"라고 따지면서 "실제로 가능하지 않은 주장을 펴지 말라"고 할 수 있다. '自存'론에서 '改造'론을 향해, "식민지 상태에서 실력을 기를 수 있는가? 실력을 기르는 '改造'의 과정을 거치지 못한다면, 식민지 통치를 받는 것이 정당한가?" 하고 반론을 제기하면서 "원리상 부당한 주장은 펴지 말라"고 했다 할 수 있다.

'改造'론은 '文明'을, '自存'론은 '自由'를 특히 소중하게 여기는

---

30) 《한용운전집》 1, 354, 358면.

데 근거를 둔다. '文明'은 노력해서 이룩해야 할 목표이고, '自由'는 타고난 조건이다. 사람은 마땅히 노력해서 이룩해야 할 가치를 목표로 설정하고 힘써 실현해야 한다는 데 맞서서, 사람은 누구나 타고난 조건을 왜곡시키지 않고 온전하게 실현하는 것이 더욱 긴요하다고 해서 견해 대립이 심각해진다.

'改造'론은 차등의 세계관이어서 훌륭한 나라, 잘난 사람만 정당한 권리를 누릴 수 있다. 그래서 끊임없이 경쟁을 부추기고, 투쟁을 미화한다. 그러나 '自存'론은 대등의 세계관이고 평화의 논리이다. 삶을 누릴 수 있는 자격은 사람만 갖추지 않고 모든 생물에게도 다 함께 인정되어야 한다. 그래서 "自由는 萬有의 生命"이라고 했다. 사람에게 유익하니 다른 생명을 존중하고 환경을 보존하라는 것이 아니다. 천지만물과 함께 화합하면서 살아가는 것이 사람의 도리이다.

오늘날 민족'自存'론은 잊혀지고 민족'改造'론이 극성하다. 선진국을 따르고 배워 세계화를 해야 한다고 주장한다. 그렇게 하기 위해서 '수입학'을 학문의 기본방법으로 삼아야 한다고 한다. 경제성장, 국민소득 등의 지표에 따라 서열화한 단일한 세계질서 속에서 좀더 윗자리로 올라가기 위해서 노력하는 것 외에 다른 길은 없다고 한다. 그것은 명백한 진리이므로 다른 말이 있을 수 없다고 한다.

그렇게 나타나는 민족'改造'론을 바로잡으려면 민족'自存'론을 되살려야 한다. 어떤 후진국이나 낙후한 민족이라 하더라도 누구나 자기 삶을 자기 방식대로 누릴 수 있는 권리를 지구 전체의 범위 안에서 실현하는 것이 세계인의 과제임을 분명하게 해야 한다. 그렇게 하는 학문은 자기 능력을 스스로 찾아서 발현해 인류 공유의 자산으로 제공하는 '창조학'이어야 한다. 인류의 문화유산은 근대인이 잘못 알고 있는 것보다 다양하고 풍부하며, 지금의 단일한 세계질서와는 다른 길이 있어 근대를 극복하고 다음 시대로 나아갈 수 있다는 것을 입증하는 것이 우리가 해야 할 '창조학'의 과제이다.

한용운 연구는 '창조학'의 필수적인 과제이다. 전통사상이 근대사회와 어떤 관계를 가졌던가 살피는 일을 광범위하게 수행하면서, 철학과 문학, 인문학문과 사회학문, 국학과 세계학문이 하나가 되는 작업을 해야 한다. 그렇게 하는 데 한용운의 전례는 소중한 지침이 되고, 벅찬 연구과제를 제공한다. 한용운의 어느 면을 따로 분리시켜 살핀다든가, 연구는 제대로 하지 않으면서 한용운을 숭앙의 대상으로 삼는다든가 하는 잘못을 시정하고, 문제를 다시 제기하고, 시야를 확대해서 논의를 새롭게 전개해야 한다.

마무리

지금까지 한용운의 사상과 문학에 대해 고찰한 것은 더욱 진전된 작업을 위한 예비적인 탐색에 지나지 않으므로, 총괄적인 결론은 맺지 않는 것이 현명하다. 한용운사상이 어떤 사상인가 몇 가지 명사를 열거해 정리하고자 하면 말을 아무리 잘해도 실상에서 벗어나고, 진지한 탐구를 방해한다. 갖가지 현란한 말을 늘어놓으면서 한용운을 칭송하는 풍조 때문에 한용운 이해가 왜곡되고, 우리의 생각이 혼미해지는 것을 크기 경계해야 한다.

"一切賢聖 道破不得"이라고 한 한용운의 말은 한용운 연구를 위해서도 소중한 지침이 된다. 한용운이라고 해서 해야 할 말을 다 한 것은 아니다. 알지 못해 하지 못한 말도 있고, 말이 모자라 하지 못한 말도 있다. 그러므로 한용운이 한 말을 풀이하는 데 그치지 말고, 한용운이 하지 못한 말이 무엇인가 찾아내려고 애써야 한다. "本自具足"의 경지에 있는 범부는 삶 자체를 가르침으로 삼고 있어서 성현보다 위대한 줄 알아야 한다.

남북분단을 넘어서는 지성[1]

머리말

　한국의 지성사를 되돌아보는 작업을 성과 있게 하려면, 오랫동안 되풀이해온 잘못을 시정하고 올바른 시각을 설정해야 한다. 지성사를 그릇되게 이해해온 역사를 밝혀 무엇이 잘못되었는가 따지려면 많은 시간과 지면이 필요하다. 그런 작업이 이루어졌다고 치고, 그 결과를 근거로 세 가지 잘못을 시정하는 대책을 제시하고자 한다.

　첫째 잘못은 한국사를 그 자체로 다루는 데 몰두해 세계사와의 관련을 무시하는 것이다. 그렇게 하지 않기 위해서 세계사와의 관련을 살피는 데서 논의를 시작한다. 한국지성사는 세계지성사에서 차지하는 위상과 의의를 살펴 고찰해야 한다는 점을 명시한다.

---

1) 이 글은 1994년 6월 4일 교수신문사가 개최한 한국근대지성사 100년을 회고하는 모임에서 발표했으며, 원래의 제목은 〈1945~1960년간의 민족지성 재평가〉였다. 다루는 시기를 지정했으므로 그 전후의 시기까지 광범위하게 고찰하지는 못했다.

둘째 잘못은 정치사를 지성사로 간주해 정치권력의 정당성 여부를 따지고 정치권력에 대한 지성인의 비판을 다루는 데 그치는 것이다. 1945년에서 1960년까지 있었던 "좌우의 이념대립과 정부 수립"을 다루라고 하는 주문이 그런 오류를 저지르라고 유도하고 있다. 그렇게 하지 않기 위해서, 분단 상황에 대한 지성의 대응 방식을 살피는 일부터 한다.

셋째 잘못은 지성인의 잘못을 자책하고 규탄하고 마는 것이다. 정치의 잘못에 대한 지성인의 책임이나 권력이 지성인을 박해한 내력을 들어 지성의 사회사를 써야 한다고 한다. 그러나 항거에서 창조로 관심을 돌리고, 개탄에서 각성으로 논조를 바꾸어야 한다. 역사 창조의 지침을 마련하는 지성의 소임을 수행한 성과를 찾아 평가하고 이어받는 것이 더욱 소중한 과업임을 명시하면서 논의를 시작한다.

1945년에서 1960년까지의 기간 동안에 벅찬 사명감과 어려운 여건의 양극 사이에서 고민하면서 민족사의 바람직한 방향을 제시하고자 한 민족지성을 찾아내, 오늘날의 시점에서 재평가하는 것이 여기서 하고자 하는 일이다. 1990년에 들어와서 민주와 자유가 어느 정도 쟁취되자 항거의 대상이 불분명해져 지성인은 할 일을 잃은 듯이 여기는 것은 어리석다. 이제 최소한의 여건은 마련되었으니, 거리에서 작업장으로 자리를 옮겨, 민족통일을 바람직하게 설계하고 세계사를 정당하게 이끄는 방안을 마련하는 거대한 규모의 창조작업을 힘써 해야 한다.

세계사와의 관련

1945년에서 1960년까지 전개된 우리 민족의 지성사를 고찰하려면 먼저 그 기간이 세계사에서 어떤 시기였던가 알아보아야 한다. 그래야만 역사를 이해하는 거시적인 안목을 얻을 수 있다. 우리의 민족지성이 세계지성으로서 어떤 의의를 가지는가 밝히는 근거를 마련하는 것도 긴요한 과제이다.

식민지통치를 받던 세계 여러 민족이 1945년에서 1960년 사이에 일제히 독립을 획득했다. 그렇게 해서 제1세계·제2세계와는 다른 제3세계가 광범위하게 형성되었다. 제1세계는 자본주의 노선의 선진국이고, 제2세계는 사회주의 노선의 선진국인데, 제3세계는 자본주의가 발전하지 못하고 사회주의가 들어서지도 않은 후진국이었지만, 희망은 그쪽에 있었다. 제3세계에서 세계사의 새로운 발전을 주도하겠다고 자부하는 데 대해서 제1세계도 제2세계도 주목하지 않을 수 없었다.

그러나 제3세계의 진로는 순탄하지 않았다. 사회체제를 마련하는 방안이 마땅하지 않아 진통을 겪어야 했다. 미국 중심의 자본주의 세계에 들어서야 한다고 하는 제1세계 노선의 제3세계도 있었다. 소련의 전례를 따라 사회주의를 해야 한다는 제2세계 노선의 제3세계도 있었다. 그 두 길을 버리고 독자적인 길을 가겠다고 하는 제3세계 노선의 제3세계 나라가 훨씬 많아 대세가 그쪽으로 기울어졌으나, 사회체제를 실제로 어떻게 마련해야 하는가 하는 문제는 쉽사리 해결되지 않았다.

미국과 소련의 대립이 냉전으로 치닫는 상황에서 제3세계 노선의 제3세계는 그 어느 쪽에도 가담하지 않고 비동맹 중립을 견지해 자기 주권을 지키고 세계평화를 이룩하겠다고 하는 이상을 실현할 만한 역량이 부족해 고민이었다. 제3세계가 택한 세 노선 가운데 어느 쪽이 정당한가 하는 문제는 많은 견해차가 있어서 쉽사리 판가름할 수 없다. 각자 자기 관점에 따라 다른 주장을 펼 수 있어, 의견통일을 기대하지 못한다. 그러나 그 어느 노선에서도 처음 기대하고 선전한 목표에는 도달하지 못했다는 것은 분명한 사실이다.

제1세계의 노선이 제1세계로 나아가는 길이 되어 주지 못하고, 제1세계에 종속된 관계를 조이는 끈 노릇을 했다. 제2세계 노선의 제3세계는 사회주의화의 과업을 힘들게 진행하고 있다가 선두에 섰던 제2세계가 무너져 난처하게 되었다. 제3세계 노선의 제3세계에서 독자적인 방식으로 선진화를 이룩한 것은 아니다. 정치이념이나 경제체제에서 이룩해야 할 제3세계의 노선이 무엇인지는 아직 불분명하다. 제2세계가 크게 약화되고, 제1세계가 세계를 지배하려고 하는 상황에 대처해야 하는 새로운 과제가 제3세계에 부과되었다.

정치-경제사의 관점에서는, 제3세계가 기대한 바를 실현하지 못해 절망적인 것처럼 보일 수 있다. 그러나 지성-문화사의 관점에 서면 평가가 달라진다. 제3세계의 여러 곳은 정치적 불안과 경제적 빈곤 때문에 줄곧 어려움을 겪고 있으면서도 지성-문화사에서는 커다란 업적을 이룩했다. 그 성과가 인류의 미래를 위한 구상으로 인정될 수 있다. 제3세계론은 독자노선의 세계사적 의의를 정당하게 평가하는 지성-문화론일 때 지속적인 의의가 있다.

제3세계의 지성인들은 억눌려 있던 자기네 민족문화를 되살려 인류의 문화유산을 더욱 풍부하게 하며, 세계사를 새롭게 창조하는 지혜를 마련하는 데 적극 기여했다. 제1세계와 제2세계는 자기네가 우월하다는 환상을 버리지 못하고 있으면서, 의식의 해체를 겪거나 이념의 경직성에 사로잡힌 탓에 잃어버린 인류의 미래에 대한 다각적인 통찰을, 제3세계의 지성이 제공하고 있다. 정치-경제사와 지성-문화사를 갈라서 보는 것이 부당하다는 반론이 제기될 수 있으나, 지성-문화는 정치-경제에 대한 대안의 의의를 지닌다는 사실을 명확하게 하기 위해서 독자적인 관점을 확보해야 한다.

정치-경제를 비판하고, 그쪽에서는 기대하지 못하는 창조를 이룩하는 것이 지성-문화의 사명이다. 정치-경제에서는 뒤떨어진 나라가 지성-문화에서는 앞설 수 있다. 정치-경제가 앞선다는 것은 당사자들에게 당장 좋은 일일 따름이고, 뒤떨어진 쪽을 더욱 불행하게 한다. 지성-문화가 앞선다는 것은 지금은 실현되지 않은 미래의 설계도를 마련해 그 혜택을 누구나 누릴 수 있게 한다는 말이다.

분단 상황에 대한 대응방식

우리는 제3세계 다른 나라와는 상이한 길로 접어드는 불행을 겪었다. 1945년에 일제의 식민지통치에서 해방된 다음 격심한 진통을 겪다가, 1948년에 남북이 분단되었다. 미군과 소련군이 진주한 상황에서, 남쪽에는 미국 중심의 자본주의를 따르는 제1세계의 노선이, 북쪽에는 소련 방식의 사회주의를 받아들이는 제2세계 노선이 들어섰다. 제3세계의 독자노선을 찾자는 주장은 가까스로 제기되고, 견디기 어려운 시련을 겪었다.

남북이 각기 다른 노선을 택하자 논란이 끝난 것은 아니다. 남 북분단과 체제 이질화는 반드시 시정해야 할 비정상이라는 데 대해서 누구나 동의하면서 그 방안에 대한 서로 다른 주장이 엇갈려 사태를 더욱 악화시켰다. 국내에서는 제1세계와 제2세계라는 용어가 생소하고 우익과 좌익이라는 말을 많이 써왔으므로, 그 말을 사용하면서 논란의 양상을 정리해 보자.

(가) 남쪽에서는 남쪽의 우익체제가 정당하고 북쪽의 좌익체제는 부당하다 하며, 북쪽에서는 북쪽의 좌익체제가 정당하고 남쪽의 우익체제는 부당하다고 한다.

(나) 남쪽에서는 남쪽의 우익체제가 부당하고 북쪽의 좌익체제는 정당하다 하며, 북쪽에서는 북쪽의 좌익체제가 부당하고 남쪽의 우익체제는 정당하다고 한다.

(다) 남쪽에서 남쪽의 우익체제가 부당하므로 더욱 바람직한 우익체제가 들어서야 한다고 하며, 북쪽에서는 북쪽의 좌익체제가 부당하므로 더욱 바람직한 좌익체제가 들어서야 한다고 한다.

(라) 남쪽의 우익체제와 북쪽의 좌익체제가 각기 지닌 편향성을 극복하고, 그 대립을 넘어서는 새로운 노선을 찾기 위해, 민족문화의 저력을 계승하고 민족의 동질성을 확대하는 데 힘쓰자고 한다.

이제부터 이상 네 가지 경우를 (가)·(나)·(다)·(라)로 지칭한다. 세상에 널리 알려진 용어를 사용해서 각기 무어라고 지칭하려고 하면 적당한 말을 찾기 어려우며, 불필요한 서론으로 시간을 허비할 염려가 있다. 그래서 (가)·(나)·(다)·(라) 외에 다른 말은 사용하지 않기로 한다.

(가)에서 (라)까지 가운데 어느 것을 택해야 하느냐에 대한 의견통일을 하자는 것은 아니다. (가)의 양론은 그 나름대로의 논리를 갖추었다. (나)에 가담해서 박해를 받는 사람들도 각기 자기가 정당하다고 주장한다. (다)를 위한 노력은 참으로 소중하다고 자부한다. (가)·(나)·(다)·(라)는 모두 그 나름대로의 의의가 있어 고찰의 대상으로 삼아 마땅하다. 그러나 여기서는 (라)를 찾아내서 평가하는 데 힘쓴다.

(가)에서는 일방적인 통일을 하겠다고 해서 분단을 고착화시킨다. (나)에서 적화통일이나 흡수통일을 위해 힘쓰다가 희생되는 사람들은 (가)에 봉사한다. (다)에서는 남북 사이의 긴장을 완화하고 화해와 협력을 이룩하자고 한다. 거기서 한 걸음 더 나아가 민족의 재결합을 준비하고 설계하는 일은 (라)에서 할 수 있다. 그런 이유에서 (라)를 '민족지성'이라고 일컬을 수 있다.

(가)는 정치-경제를 장악한 쪽에서 주도하고, 지성-문화는 그리 긴요하지 않은 수단으로나 삼는다. (나)에서는 지성-문화를 정치-경제에 봉사하기 위한 작전으로 삼을 수 있다. (다)에서는 정치-경제와 지성-문화는 병행해야 한다고 하는 정도만큼 지성-문화에 대한 인식이 확대된다. (라)에서는 지성-문화가 정치-경제보다 선행한다고 한다.

정치-경제사에 관해 고찰하려면 (가)에서 시작해서 (나)의 방향으로 나아가고, 지성-문화사를 다루는 작업은 (라)에서 시작해 (다)의 방향으로 나아가는 것이 마땅하다.

(가)에 중심을 두고 정치-경제사를 논하면서 1948년부터 1960년까지가 불행한 시기였다고 개탄해 마지 않는 것은 잘못이 아니지만, 환자 노릇이나 하자는 말이다. 환자 대표로 자처하면서 신

음소리를 크게 내는 논자들이 있다고 해서 나무랄 일도 아니다. 그러나 이제 병을 치료하는 의사가 나서야 한다. 의사라면 (라)를 힘써 찾아내는 지성-문화사의 작업을 해서, 매몰되어 있는 희망을 되살려 미래를 창조하는 데 써야 한다.

1945년에서 1960년까지의 사정을 말해주는 자료를 찾으면, (가)에 관한 것이 가장 많고, (나)가 그 다음이고, (다)가 그 다음이다. (라)는 1948년까지도 열세를 면하지 못하다가 그 뒤에는 남북 어느 쪽에서든지 과연 남아날 수 있었던가 의심스럽다. 그러나 자료의 분량과 의의가 비례한다는 생각을 버리고, 진정으로 소중한 것을 찾아내야 한다.

남북의 (가)는 (다)나 (라)를 (나)라고 규정해 철저하게 탄압하는 데 보조를 같이했다. 여러 단계의 변화를 거쳐 (가)의 단일노선이 더욱 공고하게 되어, (다)나 (라)로 나아가는 길이 막았다. 그러나 그 저류마저 없어지지는 않았으므로, 매몰되고 잊혀진 유산을 찾아내 재평가해야 한다. 세력의 강약이 가치의 척도라는 주장을 거부하고, 당대를 장악하면 후대까지 지배할 수 있다는 착각을 뒤집어야 한다.

(다)와 (라) 가운데 정치-경제에 대한 발언을 필수로 하는 (다)와는 달리 지성-문화 영역의 작업을 하는 (라)는 직접적인 탄압을 받을 위험이 적었다. 자유로운 활동이 최소한만 허용된 조건에서도 뜻 있는 사람들은 (라)를 위해 보람된 작업을 할 수 있었다. (가)에서 요구하는 일을 한다고 하면서 (라)에 다가갈 수 있었다. 남북에서 각기 이룬 (라)의 성과는 서로 호응되고, 시대적인 한계를 넘어서 지속적인 의의를 가져, 통일을 이룩하는 데 소중한 지침이 될 수 있다.

(라)의 영역은 방대하다. 그런데 여기서는 그 가운데 언어, 사상, 학문, 문학, 이 네 측면에 대해서만 고찰한다. 사상에서는 전통철학의 계승 문제만 집중해서 거론한다. 교육은 학문과 관련된 대학교육의 측면만 다루고, 예술은 문학만 들어 논한다. 그래서 여러 모로 내용이 미비하다는 점을 미리 말해 양해를 구하고, 다른 분들의 보완작업을 기대한다.

언 어

1945년의 광복과 더불어 우리말을 되찾았다. 일본어를 버리고, 우리말을 쓰는 것이 당연하다고 하고, 우리말 교육을 서둘렀다. 영어나 노어를 공용어로 쓰자는 주장은 없었다. 우리말을 국어로 삼아야 한다는 데 대해서는 (가)의 정치노선이 전혀 달라도 완전히 같은 생각을 했다.

우리말을 민족어로 삼고 공용어로 사용하는 것은 어렵지 않은 일이었다. 우리말이 아닌 다른 소수언어를 사용하는 사람들이 없었다. 일본어를 모국어로 삼아 우리말을 잃어버린 사람이 국내에는 없고 일본에서 귀환한 아이들뿐이었다. 제3세계 신생국 가운데 다른 어느 나라도 갖추지 못한 행복한 조건을 누리면서 민족어를 확립하는 길로 나아갔다.

다른 여러 나라에서처럼 말부터 가르쳐야 할 형편은 아니었고, 말을 하고 글을 쓰는 규칙을 정비하기만 하면 되었다. 방언차가 언어통일을 방해할 만큼 크지 않고, 국문을 오랫동안 널리 사용하고 글쓰기 방식이 어느 정도 정비되어 있었으며, 문자해득률이 높았다. 일제의 탄압을 무릅쓰고 우리말을 지키고 가다듬기 위해 노력한 조선어학회의 업적이 있어 표준어를 제정하고 정서법을 마련했는 데 쓸 수 있었다.

언어에 관한 사업은 (가)의 주역들이 직접 담당하지 못해 전문가에게 넘겼다. 미국이나 소련에서 귀국한 언어학자들이 전면에 나서서 딴소리를 하는 일도 없었다. 그 덕분에 주시경 이래로 독자적으로 이룩한 (라)의 업적을 남북에서 함께 이어 활용할 수 있었다. 조선어학회의 두 주역 가운데 이극로는 북쪽을, 최현배는 남쪽을 택해 양쪽의 어문정책을 주도한 것이 문자 그대로 불행 중 다행이었다. 조선어학회의 유산을 한 쪽이 독점했다면 다른 쪽은 어문생활의 규칙을 별도로 마련해서 상당한 이질성이 생겼을 것이다.

1948년 이후 남북의 체제가 달라지고 적대적인 관계가 조성될 때, 어문정책은 그렇지 않았다.[2] 조선어학회에서 제정한 표준어와 정서법을 함께 사용하고, 국문전용을 택한 것도 서로 같으면서, 세부적인 사항에서만 약간의 차이가 있었다. 남쪽에서는 1933년에 마련한 〈한글맞춤법통일안〉을 그대로 사용하면서, 1948년에 한글전용법을 제정하고, 같은 해에 《우리말 도로찾기》라는 지침서를 문교부의 명의로 내놓았다. 북쪽에서는 1948년에 조선어신철자법을 제정하고 1950년부터 사용했는데, 두 가지 점에서 남쪽과 달랐다.

"한자어 표기에서 어두에 'ㄹ', 'ㄴ'을 쓴다"고 했는데, 그것은 오늘날까지 이어진다. 김두봉이 새로 만든 여섯 자모를 사용한다

---

2) 이제부터 전개하는 언어에 관한 논의는 고영근, 《통일시대의 어문 문제》(서울 : 길벗, 1994)에 의거한다.

고 했는데, 그것은 1954년의 조선어철자법에 이르러서 폐기되었
다. 1954년에 공포한 조선어철자법에서는 표준어에 대한 규정을
바꾸어, "중류사회"의 "서울말" 대신에 "표준어는 조선인민 사이
에서 사용되는 공통성이 가장 많은 현대어 가운데 이를 정한다"
고 했다. 북쪽에서 한자혼용을 하던 관례를 버리고 국문전용을 하
게 된 것도 그때부터의 일이다. 남쪽의 국문전용은 부분적으로,
북쪽의 국문전용은 전면적으로 철저하게 실시되었다. 국어사전을
편찬하는 일은 서로 직접적인 연관을 가지고 추진되었다.

남쪽에서는 조선어학회의 《큰 사전》을 1947년부터 출판하기
시작해서 1957년에 전6권으로 완간했다. 북쪽에서는 1960년에서
1962년까지 《조선말사전》 전6권을 내놓았다. 남쪽에서 나온 《큰
사전》을 참고했다고 밝히고, 그것을 보완해 더욱 방대하게 하고,
개별 어휘의 용례를 갖추어 한걸음 더 나아갔다.[3] 그 뒤에 남쪽에
서는 개인이나 출판사가 하는 국어사전 편찬을 북쪽에서는 국가
사업으로 추진해서 더욱 알찬 성과를 보여주었다.

문법을 정리하는 사업 또한 공동의 과제로 삼았다. 문법서는
남쪽에서 최현배가 1937년에 제1판을, 1941년에 제2판을 낸 《우
리말본》을 표준으로 삼다가, 1955년에 미비사항을 보충하고 부분
적으로 수정해서 《우리말본 고친판》을 다시 냈다. 그러나 다른
저자들이 독자적인 견해를 학교문법을 통해서 제시해서 교육이
통일되지 않는 단점과 학설이 다양하게 발달하는 장점을 보여주
었다.

북쪽에서는 이극로, 신구현, 홍기문, 김병제, 김수경 등 12인이

---

3) 같은 책, 36면.

공저한 《조선어문법》을 1949년에 내놓았다. 주시경에서 최현배에 이르기까지 이룬 내부의 연구성과에다 소련·유럽·미국 등지에서 개척한 새로운 언어학 이론을 보탰다. '형태부'를 설정한 것은 미국학자 블룸필드의 영향을 받았기 때문이라고 생각된다.[4] 그러나 그 뒤에는 그런 개방적인 자세를 버리고 소련의 언어학마저 받아들이지 않았다.

그러면서 남북에서 하는 연구의 방식은 서로 달랐다. 북쪽에서는 사회과학원에 언어학연구실 또는 언어학연구소를 두어 집체연구를 하고, 남쪽에서는 학자들 개인이 연구를 했다. 그것은 각기 장단점이 있다. 북쪽의 방식은 언어정책을 일관되게 정비해서 시행할 수 있게 한 반면에 연구의 획일화를 가져오고, 새로운 시도를 하기 어렵게 했다. 남쪽의 방식은 다양한 연구가 활성화되게 했으나, 정책의 문제는 제대로 다루지 못하고 혼선을 일으켰다. 그런 차이가 있어도 남북의 언어정책과 언어연구는 배타적이기보다 상보적이다. 서로 영향을 주고받으면서 선의의 경쟁을 하고 있다.

북쪽 학계를 이끌어간 이극로는 전공이 음성학이어서 자기 주장을 앞세울 처지가 아니고, 사업을 조직하고 운영하는 데 힘썼다. 그런데 남쪽에서는 문법학자 최현배가 연구와 정책을 주도하면서 자기 주장을 강하게 폈다. 최현배는 1947년 《글자의 혁명》을 비롯한 일련의 논저에서, 한글 전용과 한글 풀어쓰기에 관한 주장을 폈다. 그런데 "우리 겨레의 목숨이 쭈그러지고 남비(濫費)되었다"는 이유에서 한자를 폐지해야 한다고 한 것은 동의할 수

---

4) 같은 책, 111면.

없는 주장이다.

한문을 사용해 이룩한 수준 높고 자랑스러운 한문문명을 이제 국문문명으로 이어받아 더욱 발전시켜야 하는 과제를 무시한 단견이라고 하지 않을 수 없다. 풀어쓰면 한글의 특징이나 가치가 없어지니 한글을 예찬한 것이 잘못이다. 한글 글자체를 로마자 비슷하게 만들자고 했는데, 그럴 바에야 로마자를 바로 쓰는 것이 더욱 바람직하다. 최현배의 지론에 대해 반론이 일어나 나라의 정책이 자주 바뀌어 혼선이 빚어진 것은 불행이나, 학파가 대립되는 데까지 이르러 연구가 더욱 다각화한 것은 다행이다.

남북이 모두 국문전용을 한다 하면서 한문교육을 소홀하게 했다. 그래서 한문으로 이루어진 민족의 고전을 어떻게 이어받아야 하는가가 커다란 문제로 제기되게 했다. 이에 대한 대책은 고전을 국역하자는 것이었다. 고전국역의 필요성은 남북에서 동시에 절감했는데, 실제 작업을 북쪽에서는 국가사업으로, 남쪽에서는 대학의 연구기관에서 시작해 격차가 있다가, 남쪽에서도 방침을 바꾸어 국가가 지원하고 있다.

북쪽에서는 1955년부터 국립출판사에서, 1958년 이래로 과학원고전연구실, 1960년 이래로는 과학원고전연구소에서 그 일을 맡아서 했다. 남쪽에서는 1955년 이후 연세대학교 동방학연구소에서, 1960년 이후 고려대학교 고전국역위원회에서 일을 시작했으나 재정과 인력 부족으로 성과가 부진하다가, 1966년 이후 민족문화추진회를 창설해 고전편찬과 국역 사업을 담당하게 했다.

번역을 한 방식을 보면, 남쪽에서는 원문을 충실하게 옮기려고 하고, 북쪽에서는 대중이 이해하기 쉽게 풀어썼는데, 그 어느 쪽도 한문을 몰라도 고전을 이해할 수 있게 하지는 못한다. 남북을 통산하면 이미 많은 책을 번역한 것 같으나, 남은 일이 엄청나게 많다. 한문에 능통한 후진이 양성되지 않아 장래를 낙관할 수 없다. 남북의 역량을 있는 대로 다 모아도 많이 모자란다.

사 상

광복을 하자, 밖에서 어떤 사상을 받아들여 새 시대를 이끌어갈 지침으로 삼을까 하는 문제를 놓고 우익과 좌익이 격렬하게 다투었다. 제1세계철학의 수입대리점과 제2세계철학의 수입대리점이 치열한 판매경쟁을 벌였다. 그 둘은 차이점 못지 않게 공통점이 컸다. 수입하는 학문의 품질이 수입업의 정당성을 보장해 준다고 하는 수입학의 지론을 내세워, 자립학을 막고 창조학이 자라나지 못하게 하는 데 행동통일을 했다.[5] 그 때문에 대학에서 하는 학문은 수준이 낮아, 학문 후진국의 처지에서 벗어나지 못하게 되었다. 남쪽에다 만든 국립서울대학과 북쪽에서 세운 김일성종합대학이 그 점에서 서로 다르지 않았다.

19세기까지 누렸던 학문 주인의 자랑스러운 자리를 잃고, 학문의 나그네나 노예로 전락한 것이 식민지시대에 받은 가장 심각한 타격이었다.[6] 崔漢綺의 《氣學》에서 절정을 보인 이치의 근본을 스스로 따져 보편적인 이론을 창조하는 능력을 잃고 남들의 학문을 따르며 배우는 데 급급하게 되었다. 상처를 회복하고 바른 길

---

5) '수입학'이 득세해 '자립학'을 억누르고 '창조학'이 일어나지 못하게 하는 잘못에 대해서 《인문학문의 사명》(서울 : 서울대학교출판부, 1997)에서 다각도로 비판했다.

6) 《우리 학문의 길》(서울 : 지식산업사, 1993)의 〈오늘날 학문의 고민과 반성〉에서 이에 대해 고찰했다.

을 되찾으려면 理氣論에 통달한 재야의 한학자들을 대학교수로
초빙했어야 했다.[7]

그런데 남북 어디서도 그렇게 하지 않고, 일제시기에 전문학교

---

7) 그런 분들이 있었던가 의문을 가질 수 있기에, 금장태·고광식, 《유학근백년》
(서울 : 박영사, 1984), 《속 유학근백년》(서울 : 여강출판사, 1989)에 의거해 명단
을 작성하면 다음과 같다. 1945년 이후 상당 기간 생존한 분들을 가려내 연대순
으로 들고, 특별한 사항이 있으면 간략하게 적는다.
　　申鉉國(1869~1949) 투옥된 경력이 있고, 여주에서 강학했다. 《華東問答》을
　　　　저술해서 서양을 비판했으며, 1945년 이후에는 "共産夷狄之道也 民主
　　　　夷狄之道也"라고 하는 말을 남겼다.
　　安圭容(1873~1959) 1936년에 아들과 함께 일제에 피검 투옥. 전남 보성에서
　　　　강학.
　　崔秉心(1874~1957) 1937년에 투옥. 전북 전주에서 강학.
　　鄭璣淵(1877~1952) 을사오적을 처단하라는 상소를 올렸다. 경북 경산에서 강
　　　　학. 1947년에 〈玉石問答〉을 써서 한글전용에 반대하고 한문이 우리나
　　　　라에 와서 우리 글이 되었다고 하고, 한글만 쓰는 것은 손발만 움직이
　　　　게 하고 그것이 움직이게 하는 원기는 끊는 것과 같다고 했다.
　　李炳殷(1877~1960) 전북 완주에서 강학.
　　成璣運(1877~1956) 호적을 하지 않아 일제 경찰에 고초를 당했다. 경북 청도
　　　　에서 강학.
　　鄭衡圭(1880~1957) 〈韓史抄集〉, 〈庚戌殉義諸公傳〉, 〈韓末殉國烈士諸公傳〉
　　　　등 애국적인 저작 다수. 경남 합천에서 강학.
　　宋基冕(1882~1956) 〈妄言〉을 지어 망국의 울분을 토로하고, 이루지 못한 정
　　　　치사상을 서술하고, 서양사상에 대한 비판도 했다. 전북 김제에서 강학.
　　金澤述(1884~1954) 1943년 〈觀朝鮮史〉에서 일제의 식민지사관 비판. 전북 정
　　　　읍에서 강학.
　　權命燮(1885~1949) 1919년 巴里長書 사건에 옥고. 경북 봉화에서 강학.
　　柳芝爀(1886~1954) 충북 제천에서 강학.
　　權純命(1891~1974) 1937년 항일운동으로 체포되었다. 〈讀星湖李氏四七辨〉
　　　　등을 지어 성리학에 대한 자기 소견을 밝혔다. 전북 정읍에서 강학.
　　柳永善(1893~1970) 전북 고창에서 강학.
　　金榥(1896~1978) 1919년 巴里長書 사건으로 옥고. 경남 산청에서 강학.
　　李普林(1903~1974) 1937년에 일본을 다녀와서 〈島國遊記〉를 썼고, 1964년에
　　　　는 〈抗韓日會談輪告文〉을 썼다. 경남 김해에서 강학.
　　朴仁圭(1909~1976) 전북 정읍에서 강학.
　　위에서 든 분들이 모두 향리에서 강학에 힘썼으나, 수학하는 사람들의 수준이
낮아 경서를 읽고 시문을 짓는 초보적인 능력을 전수하는 데 그쳤을 따름이고,
理氣철학을 강의하면서 자기 견해를 펼 수 있는 기회는 없었다. 가장 소중한 능
력은 발휘하지 못하고 전수할 수 없었다.

만 나왔어도 교수 자격이 있다고 인정해 근대학문 수입업자 인가
장을 내주었다. 그 뒤에는, 민족지성과 접맥되지 않은 미국유학생
들이 학계의 주도권을 잡았다. 그 가운데 대외의존 학문을 격렬하
게 비판하는 사람들이 없지 않지만, 대안을 마련할 능력은 없어
본론이 없는 서론만 되풀이한다.

　대학강단에 서지 못하고 초야에 묻힌 한학자들은 한문이나 하
고 理氣나 논하니 민족학문과는 거리가 멀다고 생각하는 것은 커
다란 잘못이다. 理氣論이 바로 이론 창조를 가능하게 하는 민족의
역량이다. 그 분들은 근대와는 거리가 멀고, 보수적이고 반동적인
견해를 가지고 있어 취할 바가 없다고 하는 우려는 헛되다. 자기
나름대로 시대와 대결했던 사실을 바로 알 필요가 있다.[8] 서양의
학문을 시비한 것은 많은 지식을 받아들이는 공부를 했기 때문이
아니고, 이치의 근본을 따져 자기 견해를 제시할 수 있는 역량을
갖추었기 때문이다.

　그분들은 모든 문제를 理學의 관점에서 논했다. 그래서 얻은
결론을 이어받자는 것은 아니다. 理學을 氣學으로 바꾸어 놓아야
앞으로 나아갈 수 있다. 그런 작업을 이미 한 氣學者들은 찾을 수
없게 되어, 理學者들에게서 배우는 것 외에 다른 방도는 없었다.
그것은 불행이 아니고 오히려 다행이었다. 스승에게서 氣學을 물
려받으면 그대로 지키고자 할 염려가 있으나, 스승의 理學을 극복
해서 스스로 氣學을 창조하면 앞으로 나아간다.

---

8) 金梶의 저작을 보면,《重齋先生文集》(산청 : 內塘書舍, 1988) 別著 권 5, 잡저
　에 〈讀一齋集〉, 〈讀花潭集〉, 〈東儒心學略圖〉, 〈哲學撮要因書其後〉가 있다. 권
　12에 경학에 관한 저술 외에 〈東史略〉, 〈東國歷年圖捷錄〉, 〈獨立提綱〉이 있다.
　둘째 것에서 가야와 발해도 취급했다. 韓致奫, 李瀷, 丁若鏞의 견해도 논의했다.

전통사상의 내력을 정리하고자 하는 노력이 없었던 것은 아니다. 현상윤이 1949년에 낸 《조선유학사》와 정진석·정성철·김창원이 공저한 1960년의 《조선철학사》가 있어 남북에서 각기 한 작업에 관해 알려준다. 그 둘은 유학사와 철학사, 개인저작과 공동저작인 점이 서로 다를 뿐만 아니라, 서술의 관점이나 내용에서도 많은 차이점이 있다. 그러나 전통철학에서 전개된 논란에 스스로 참여해 새 시대의 사상을 창조하는 능력을 보였다고 인정되기 어려운 점이 상통한다. 주인의 학문이 되기에는 역부족인 것도 서로 다르지 않다.

현상윤은 대단한 노력을 해서 광범위한 자료를 모았다. 그러면서 理氣論에 관해 서로 대립된 견해 가운데 어느 것이 정통인가 가리는 재래의 관점은 버리고, 각기 그것대로 소개하면서 검토나 평가는 되도록 삼갔다. 그래서 철학의 풍부한 유산이 있어 자랑스럽다고 생각하게 하는 한편 공연한 시비를 왜 길게 벌였는가 하는 의문을 가지지 않을 수 없게 했다. 논란이 너무 심해 그대로 넘어갈 수 없는 대목에서는, 어느 한쪽으로 치우친 극단론을 편 것은 잘못이라고 하면서 자기 나름대로의 절충론을 폈다.

人物性同異 논쟁에 관해서 쓴 〈湖洛兩論의 槪評〉이라는 대목이 그런 경우이다. 거기서 人物性同論인 洛論과 人物性異論인 湖論은 "性은 理와 氣의 이원적 화합물"이라는 원리의 어느 일면만 강조해 "一方에 偏하여 전체를 무시"했다고 했다.[9] 그것은 논자 자신이 理氣이원론자임을 고백한 말이다. 그런 관점에 서면 人物性同異 논쟁은 理氣이원론 내부에서 人物性因理同論의 洛論과

___

9) 민중서관, 1949, 319면.

人物性因氣異論의 湖論 사이에서 벌어지다가, 人物性因氣同論을 제기한 氣學에서 해결책을 제시했다고 밝혀 논한 사실을 이해할 수 없다.[10]

현상윤은 서로 다른 사상은 그 나름대로의 의의도 있고 한계도 있어 어느 한쪽에 기울어질 것은 아니라고 하는 생각을 가졌다. 유교에 대한 총괄적인 평가를 한 총론에서도 유교는 공적도 있고 과오도 있다고 했다. 그렇게 하면 치열한 논란을 거쳐 문제가 해결될 수 없게 방해한다. 막연한 열거와 어설픈 절충으로 학문의 논의를 진행하겠다고 하는 것은 무리이다. 相克은 피하고 相生만 택한다고 해서 선택을 배제할 수 있는 것은 아니고 그것 또한 선택이다. 相克을 배제하고 相生만 남기면 相生이 제대로 이루어지지 않아, 그쪽을 선택한 보람이 없다.

북쪽에서는 "철학사를 과학적으로 정리"해 "선조들이 남긴 우수한 철학사상의 유산을 계승발전"시키고, "낡은 사상 잔재와의 투쟁"을 전개하는 데 쓰겠다고 하는 목적을 분명하게 내세웠다.[11] "과학적으로 정리"한다고 한 것은 철학사에서 관념론과 유물론이 투쟁해온 내력을 밝혀내겠다는 말이다. 그 결과는, 전면적으로 거부해야 할 관념론이 당당하게 이어지는 가운데 유물론의 요소를 부족한 대로 다소간 갖추고 있는 철학이 이따금 있었다는 것으로 나타났다. 그래서 철학사에 대해 긍지를 가지는 것보다 비판하는 것을 더욱 긴요한 과제로 삼았다.

金時習·徐敬德·任聖周·崔漢綺로 이어져온 氣學을 힘써 다루려

---

10) 〈18세기 人性論의 혁신과 문학의 사명〉, 《한국의 문학사와 철학사》(서울 : 지식산업사, 1997)에서 한 작업이다.

11) 〈서문〉에서 한 말이다(서울 : 도서출판 광주 재간행본, 1988, 13면).

고, 김시습의 철학을 처음 거론하고, 최한기를 등장시킨 공적은
특기할 만하다. 그런데 氣學의 氣는 유물론에서 말하는 물질에 대
한 불충분한 이해일 따름이고, 氣가 음양의 운동을 한다고 한 것
은 투쟁과 발전의 이론인 점에서는 변증법과 상통하지만, 조화와
순환의 이론이기도 한 점에서는 잘못되었다고 했다. 인성론이나
윤리학에서 사람의 선량함을 기린 것도 비판의 대상으로 삼았다.

　서경덕에 관해 논하면서, "소박하고 직관적이기는 하지만 물질
은 불멸하다는 유물론사상을 제기"했다.[12] "소박성과 직관성을 띤
것이기는 하였으나 사물현상의 변증법적 인식에 있어서 일보전
진"을 했다고 평가했다.[13] 그러면서 사물의 운동을 "순환운동"으
로 이해한 잘못이 있고,[14] "사람은 누구나 공통적으로 선량한 품
성을 소유하고 있다"고 한 점에서 성선설을 벗어나지 못했다고
비판했다.[15]

　그것은 氣學을 곡해하거나 훼손한 견해이다. 서경덕이 일찍이
"生則克 克則生"한다고[16] 한 生克을 둘로 나누어, 相生의 氣를 말
한 것은 관념론을 청산하지 못한 과오라고 하고, 相克의 氣를 논
한 견해는 "소박"해서 미흡하다는 단서를 거듭 달고서 유물론에
근접한 의의가 있다고 했다. 그렇게 해서 氣學을 애써 찾아내 논
한 보람을 스스로 부인한 이유는 氣學에 미련을 가지지 말고 그
미흡함을 극복한 전면적인 대안인 마르크스주의철학을 따르자고

---

12) 같은 책 105면.
13) 같은 책 109면.
14) 같은 책 110면.
15) 같은 책 112면.
16) 서경덕이 〈原理氣〉에서 한 말이다. 〈生克論의 역사철학 정립을 위한 기본구상〉,
　　《한국의 문학사와 철학사》에서 이에 대해 자세한 논의를 폈다.

한 데 있다고 볼 수밖에 없다. 그 결과 氣學도 계승하고 발전시켜야 할 의의는 없다는 것을 입증해 청산해야 할 낡은 사상에 포함시켰다. 민족사상에 대한 근대사상의 우위를 재확인하는 작업을 그런 방식으로 전개했다.

氣學에서 말한 氣는 물질을 포함한 그 이상의 것이며, 물질·생명·정신의 관계에서 생명에다 중심을 두고 총체적으로 파악한다. 그러므로 氣철학과 유물론은 正偏의 관계를 가진다. 氣는 하나이면서 둘이고 둘이면서 하나여서, 相生이 相克이고 相克이 相生이다. 그 양면을 부당하게 분리시켜 일면은 유물론과 상통한다고 해서 평가하고 다른 일면은 관념론이라고 해서 나무라는 것은 사실인식이 잘못되었으며, 가치 평가에서는 더욱 부당하다. 氣철학을 총체적으로 계승하는 生克論은 관념론과 유물론의 양극단을 넘어서서, 이념대립을 해결할 수 있는 원리이다.[17]

전통철학을 계승해서 새로운 사회를 건설하는 지침이 되는 사상을 창조하는 것은 쉬운 일이 아니다. 전통철학을 계승해서 재창조하는 것도 아무나 할 수 없으며, 철학을 통해서 역사 발전의 방향에 대한 발언을 집약하는 것은 더욱 난제이다. 거기서 민족지성이 커다란 진통을 겪었다.

그런데 그 일을 맡아 나선 사람이 있었으니, 바로 조소앙이다. "心卽物 理卽氣 철학에 則한 均智와 均權과 均富의 요구는 인간의 本願이며, 神治·貴治·民治를 經한 現 貧治 세대에의 세계사적 명령이며 세계적 최대 요망인 것이다"고[18] 한 말에 핵심이 요약되

---

17) 이것이 〈生克論의 역사철학 정립을 위한 기본구상〉에서 시작해, 《카타르시스·라사·신명풀이—연극·영화미학의 기본원리에 관한 生克論의 해명》(서울 : 지식산업사, 1997) 등의 여러 논저에서 계속 전개하고 있는 나의 대안이다.

어 있는 조소앙의 사상은 다면적인 내용과 다각적인 목표를 갖추
었다. 세계사의 과제를 해결하는 최상의 사회체제를 이룩하는 원
리를 전통철학에서 가져오겠다고 했다.

세계사는 '神治·貴治·民治'의 시대를 거쳐 이제 '貧治'에 이르렀
다고 해서 무산계급의 시대가 왔다는 것을 인정하고, '智力', '權
力', '富力' 셋을 고르게 하는 '三均主義'를 이룩하는 것이 새 시대
의 사명이라고 했다. 그러면서 그런 목표를 달성하는 방법이나 결
과는 계급투쟁이 아닌 민족화합이라고 했다. 그래서 좌우익의 지
론을 함께 받아들이고 함께 극복하는 제3의 노선을 제시하고자
했다. 그것이 과연 가능하고 의의 있는 일인가 하는 의문은 "心卽
物 理卽氣"의 철학을 정립해서 해결하고자 했다.

조소앙은 자기 철학을 정립하기 위해서 〈素昻氣說〉을 한문으
로 썼다.[19] 그 글은 널리 알려지지 않았지만, 전통철학을 재창조한
업적으로서 소중한 의의가 있다.[20] 氣學을 잇는다고 제목에서 표
방하고, 氣가 무엇인가 하는 문제부터 다루어서 氣學 논설의 전례
를 이었다.

그러면서 氣學과는 다른 사상을 널리 받아들였다. 유학 외에
불교와 동학, 그리고 서양의 과학사상까지 가져와서, 그것들이 서
로 다르지 않다고 했다. 문화의식이 확대되어 핵심이 모호하게 되
었다. 理學과 氣學이 둘 다 그 나름대로의 주장을 가지고 공존할
수 있다고 했다. 그것은 곧 논쟁을 없애면 화합할 수 있다는 논법

---

18) 이 말은 〈三均主義靑年同盟宣言〉, 三均學會 편, 《素昻先生文集》 하(서울 : 햇
불사, 1979), 82면 참조.
19) 〈素昻氣說〉, 같은 책, 상, 341~342면.
20) 이에 대해서 고찰한 선행연구 홍선희, 〈趙素昻의 三均主義 연구〉, 《이성과 현
실》(서울 : 태극출판사, 1973)이 있다.

이다.

모든 사상을 한데 가져다 놓고 서로 다를 바가 없다고 하는 것이 〈素昴氣說〉의 기본논지이다. "道亦器 器亦道 色卽空 空則色 人亦天 天亦人"(道는 器이고 器는 道이며, 色은 空이고 空은 色이며, 人은 天이고 天은 人이다)이라고 해서, 유학·불교·동학을 하나로 연결시켰다. "氣也者電子也"(氣라는 것은 電子이다), "分而爲五行四大, 展而爲九十二原子"(나누어지면 五行이고 四大이며, 펼쳐지면 92개의 원자이다)라고 해서 서양과학까지 덧보탰다. 그래서 모든 것을 받아들여 총괄적이고 총체적인 氣學을 다시 만들면서, 임성주나 최한기가 보여준 氣學의 의의를 약화시켰다고 하지 않을 수 없다.

無所造 無能造者 氣之體也 自爾而有起滅消長者 氣之相也 感相生相克之勢 覺取捨進退之機者 氣之用也.

만들어지지도 않고 만들지도 않는 것이 氣의 體이다. 스스로 일어나고 없어지며, 소멸하고 성장하는 것이 氣의 相이다. 相生과 相克의 勢를 느끼고, 취사와 진퇴의 기미를 깨닫는 것이 氣의 用이다.

氣를 세 가지로 구분한 것은 주목해야 마땅한 새로운 논의이다. '體', '相', '用'은 각기 내재된 특성, 외형화된 양상, 실제의 용도이다. 그 셋에 관한 논의를 모두 갖추어 氣學을 다면화하고, 이론에서 실천에 이르는 단계를 명시한 것은 평가할 만한 시도이다. 그러나 자세하게 살피면, 논의 자체가 미비하고, 빗나갔다고 하지 않을 수 없다.

"無所造 無能造者"라는 것은 '氣則虛'의 다른 표현인데, 그것만 '體'라고 할 수는 없다. '虛'가 '一氣'이고 '陰陽'이어서 0이 1이고 2인 것을 모두 포괄하는 논의를 전개해야 한다. '相'에서 '陰陽'의 작용하는 모습에 관해 말한 바도 미흡하다. '用'에서 느끼고 깨달아야 할 사항으로 제시한 '相生相克'이 바로 '氣' 자체이다.

'陰陽'이 '相生相克'을 가진다는 말을 전면에 내세워야 하는데 그렇게 하지 못한 것은 '相生'에 해당하는 조화론을 표방했기 때문이다. '氣'뿐만 아니라 '理'에도 '體'·'相'·'用'이 있다 하고, '天命'·'率性'·'修道'를 든 것은 理學 쪽의 견해이다. 氣는 모호하게 만들어 특색을 없애고 理는 그대로 두어 理學으로 기울어졌다.

다루는 자료인 氣는 다양하게 포괄하고서, 그것들이 서로 충돌하지 않고 공존한다고 하는 理의 원리를 채택했다. 결국 이질적인 것들끼리 相生의 관계를 가진다고 하는 말만 하고, 相克의 관계는 논의에서 제외했다. 그 때문에 이중의 결함을 나타냈다. 한 쪽에 치우쳐 있어 전체를 포괄하지 못했다. 처음 의도한 바와는 다르게 理學 쪽에 치우쳤다.

"心卽物 理卽氣"라고 한 것은 〈素昻氣說〉에서 한걸음 더 나아간 명제이다. 心과 物, 理와 氣가 대등하게 열거되지 않고, 心이 物이고, 理가 氣이면, 그 둘 가운데 어느 것을 택할 것인가 하는 논란이 없어져, 心이나 理를 존중하는 우익과 物이나 氣를 존중하는 좌익이 하나가 될 수 있다고 본 것은 목표 설정이 적절하다. 그러나 心과 物, 理와 氣라는 相生의 관계에 있다고 하는 것 이상의 논거가 없어 설정한 목표에 도달하지 못했다. 氣學 본래의 지론에서 벗어나 방황하고 있는 것이 그 이유이다.

氣學에서는 원래 心이든 物이든 氣이고, 理는 氣의 원리일 따름이라고 해서 氣 이외에 다른 것을 설정할 필요가 없다 했다. 음양으로 나누어진 氣가 相生의 관계도 가지고 相克의 관계도 가져, 生이 克이고 克이 生인 生克의 이치를 제시했다. 그 전통을 이은 生克論에서는 싸움이 화합이고, 화합이 싸움이라 해서, 화합하기 위해서는 싸워야 하고, 싸우기 위해서는 화합해야 한다고 한다.

안재홍도 조소앙과 함께 '三均主義'를 주장해, 미국과 소련에 의존하지 않은 독자노선을 찾아, 이념대립을 넘어서자고 했다. "민족통합국가"를 건설하고, "대중공생"을 이룩하는 길이 거기 있다고 했다. 그러면서 철학적인 근거는 조소앙과 다르게 제시했다. "物心兩元의 조선철학", "조선 고유한 국가철학", "상대의 민주주의", "영원한 창조, 무궁한 변화", "開闔會通"을 이어받아야 한다고 했다.[21]

안재홍이 말한 '조선철학'은 상고시대부터 면면하게 이어져왔다고 했지만, 그렇다고 하는 근거는 희박하고, 자기 자신이 정립한 것이다.[22] 모든 훌륭한 생각을 우리 민족은 일찍부터 갖추고 있어 어떤 난문제도 해결할 수 있는 최상의 해답을 이미 마련하고 있다고 했는데, 과연 그런가 의문이 아닐 수 없다. "大一均等의 朝鮮哲理"를 이어받아, 이념대립을 넘어서는 새로운 역사를 창조

---

21) 1945년 9월 22일에 집필하고, 그 해 12월 단행본으로 출판한 〈신민족주의와 신민주주의〉에서 그렇게 말했다(《民世安在鴻選集》 2, 서울 : 지식산업사, 1983, 15~60면).

22) "비"라고 한 허공, "씨"라고 한 종자, "몬"이라고 한 물질, "네"라고 한 출생, "다섯"이라는 섭리, "여섯"이라고 한 지속, "일곱"이라고 한 도달, "여덟"이라는 開闔, "아홉"이라는 종합, "열"이라는 전개를 기본개념으로 삼아 열 개의 조항으로 전개되어, 우주만물에서 인생만사에 이르기까지 모든 문제를 바람직하게 이해하고 해결할 수 있다고 했다. 민족에 대한 과도한 자부심을 논거로 삼고, 어원의 자의적인 해석을 논의의 방법으로 삼아, 보편성이 인정되지 않을 주장을 폈다고 하지 않을 수 없다.

하자고 하는 말[23]을 거듭해서 했는데, 목표가 훌륭하다고 해서 그 논거가 정당하다고 할 수 있는 것은 아니다.

조소앙과 안재홍은 1950년에 전쟁이 일어나자 북쪽으로 납치되어 활동을 할 수 없게 되었다. 두 사람의 사상을 이어 발전시키는 후계자가 남북 어디서도 나타나지 못했다. '三均主義'의 중간 노선은 심각한 타격을 받았으며, 전통철학을 오늘날의 사상으로 재창조하려고 하는 노력도 중단되었다.

조소앙과 안재홍의 파탄은 귀한 교훈과 벅찬 과제를 남겼다. 사회사상의 근거가 되는 철학사상을 스스로 정립하는 것이 얼마나 어려운 일인가 생각하게 하고, 민족주의는 민족 고유의 철학을 필요로 하는가 하는 의문을 가지게 한다. 전통철학을 깊이 연구해 역사의 방향을 판가름하는 통찰력을 얻어야 진정한 창조학을 할 수 있음을 알려준다.

학 문

안재홍은 역사연구에도 힘써, 자기 사상을 통해 역사연구의 지침이 되는 '신민족주의' 사관을 제시했다. 거기 호응하면서 역사연구를 구체화한 사람이 손진태였다.[24] 손진태는 역사를 다양하게 이해해서 정치사 위주의 역사관에서 벗어나고자 하고, 피지배계급인 민중에 대해서 깊은 관심을 가지고, 민속을 통해서 민중의

---

23) 1947년 12월에 쓴 〈역사와 과학과의 신민족주의〉에서 그렇게 말했다(《民世安在鴻選集》 2, 231면).
24) 한영우, 《한국민족주의역사학》(서울 : 일조각, 1994)에서 두 사람을 각기 다루고, 두 사람의 관련에 관해 고찰했다.

삶을 연구한 성과를 역사서술에 도입하고자 했다.

광복과 더불어 역사학에서도 좌우익의 대립이 나타났다.[25] 우익의 이병도는 1948년에 낸 《조선사대관》에서 한사군 설치가 시대구분의 기준이라고 보아, 〈한군현 설치 이후의 동방사회〉에서 고조선을 부여와 함께 다루고, 기자조선을 '한씨조선'이라고 하는 주장을 폈다. 신라통일 이후를 민족대통일기시대라고 했다. 식민지시기에 대한 서술은 아주 소략하게 했다.

좌익의 전석담은 같은 해인 1948년 《조선사교정》에서 노예제사회를 거치지 않고 봉건사회가 삼국시대부터 시작되었다고 주장하는 데 치중했다. 고조선, 발해, 실학 같은 것은 무시해, 역사의 폭을 많이 좁혔다. 제국주의의 침략과 식민지 수탈에 대해서 논하고 3·1운동과 6·10만세운동이 실패한 이유는 사회주의 운동으로서 결격사유가 있었기 때문이라고 했다.

손진태는 좌우익의 대립을 넘어서서 우리 역사를 이해하는 통합논리를 제시하고자 했다. 1948년 《조선민족사개론》(상), 1949년의 《국사대요》에서 손진태는 민족문화와 민중문화가 민족문화의 양면을 이루면서 대립되어 온 관계를 정치·경제·사회·종교·학문·예술·과학 등 여러 측면에서 개관하고, 양쪽을 융합하는 것이 민족사 발전의 과제라고 했다. 《조선민족사개론》(상) 서문에서 다음과 같이 말했다.

나는 신민족주의 입장에서 이 민족사를 썼다. 왕자 1인만이

---

25) 조동걸, 《현대한국사학사》(서울 : 나남출판, 1998)의 〈해방후 한국사연구의 발흥과 특징〉(319~397면)에서 당시의 사학이 우익과 좌익으로 나누어진 상황에 관해 소상하게 고찰한 성과를 이용한다.

국가의 주권을 전유하였던 귀족정치기에 있어서도 민족사상은 없었던 것은 아니고, 자본주의사회에도 또한 민족주의란 것이 있다. 그러나 그러한 민족사상은 모두 진정한 의의의 민족주의는 아니었다. 그것은 민족의 미명하에 그들 지배계급만의 권력과 부력을 획득 유지하려는 극히 불순한 가면적이고 무마적인 것이었다. 진정한 민족주의는 민족 전체가 정치적으로 경제적으로 사회적으로 문화적으로 균등한 권리와 지위와 생활의 행복을 가질 수 있을 때에 비로소 완성될 것이다. 가장적 민족주의하에서 민족의 친화 단결이 불가능한 것은 과거의 역사 및 금일의 현실이 명백하게 이것을 증명하고 있다. 민족의 단합이 없이 민족의 완전한 자주독립은 있을 수 없고, 따라서 민족문화의 세계적 발전 기여도 있을 수 없는 일이다. 그리고 민족의 단합은 오직 진정한 신민족주의에서만 얻을 수 있다.[26]

단군을 민족시조라 하고, 또한 이른 시기 우리 역사에 등장한 "남북 九族의 혈액적 단일성"에 관해서 말했다. 발해가 망해 "남북을 통한 민족적 대통일의 기회를 상실"했다고 했다.[27] 사회를 논하면서 계급구성에 대해서 살피고, 여성의 지위에 관해서 별도로 고찰했다. 그러나 역사를 서술한 구체적인 내용은 많이 미흡했다. 귀족정치시대 이해에서 정체사관을 청산하지 못했으며, 민중의 성장에 대한 인식을 갖추지 않았다.

이인영은 손진태와 함께 신민족주의 역사학을 이룩하면서 새

---

26) 《손진태전집》 1(서울 : 태학사, 1981), 281면.
27) 같은 책, 523면.

로운 작업을 추가했다.《국사요론》(1950)에서 고조선의 강역은 요하까지 뻗어 있었다고 했다. "실학은 실제생활을 토대로 학문을 연구하여 우리나라 민족생활을 개량하려는 것"이라 하고 〈학풍의 변천〉에서 이를 자세하게 고찰했다. 〈민족주의 독립운동의 전개〉에서 필요한 내용을 자세하게 갖추었다.

김성칠도 어느 한쪽에 치우치지 않는 역사학을 하려 했다.《조선역사》(1946)에서는 단국신화를 민족신화로 다루고, 민족사의 독자적인 출발을 강조했다. 발해의 흥망을 자세하게 고찰하고, '남북조시대'라는 용어를 사용했다. 실사구시학파가 "조선이라는 자아에 눈을 뜨게 되고", "사회경제의 실체를 밝히려는 방향으로 움직이었다"고 했다.

손진태·이인영·김성칠이 모두 서울대학교 교수로 자리잡아, 역사학에서는 중간노선이 상당한 설득력과 영향력을 가졌다. 그러나 1950년에 전쟁이 일어났을 때 손진태와 이인영은 북쪽으로 납치되어 가고, 김성칠은 일찍 세상을 떠났다. 중간노선의 역사학이 남쪽에서 사라지고, 북쪽에서 등장할 수 없어 민족지성이 심각한 타격을 받았다.

국문학자 조윤제는 손진태와 밀접한 관련을 가지고 정립한 민족사관에 입각해 문학사를 서술하고자 했다. 1949년《국문학사》에서 민족정신의 전개에 따라 문학사를 이해해, 민족정신이 분열되는 위기를 통합에 의해 극복한 과정을 밝히고, 민족해방과 분단을 넘어서는 원리를 찾으려고 했다. 고려의 경기체가와 장가가 분리되다가 시조가 나타나 통합된 것을 그렇게 보았다. 민족문학으로서의 의의가 평가기준이다. 중국 의존에서 벗어나는 독자적인 성향을 나타내고, 내부적인 단결을 이룩하는 문학이 민족문학으로서 소중한 가치를 가진다고 했다.

태동시대·형성시대·위축시대·소생시대·육성시대·발전시대·반성시대·복귀시대로 시대구분을 하고, 후퇴와 전진의 기복에 대해서 서술하는 데 힘썼다. 소생시대에 조선왕조 건국 후에 훈민정음이 창제되고 국문문학이 일어나고, 발전시대에 임진왜란을 겪고 국학정신이 앙양되어 국문문학이 발전하고, 반성시대에 실학이 발흥해서 새로운 시대정신을 나타낸 것이 민족사 발전의 커다란 성과인 것을 문학이 가장 잘 나타낸다고 했다.

북쪽에서는 과학원 언어문학연구소 문학연구실의 《조선문학통사》를 1959년에 내놓았다. 집필자들의 이름은 전혀 밝히지 않고, 집체집필에는 장점도 있으나 통일을 기하지 못한 단점도 있다고 했다. "여러 가지 결함과 부족함"이 있다는 것을 시인한 것은 뒤에 다시 볼 수 없는 일이다.

머리말에서, "역사주의 원칙"에 입각해서 서술하지만 "여러 가지 이론적 및 사료적 문제들이 충분히 해명되지 못하고 남아 있다"고 했다. 시대변화와 문학사의 전개를 유기적으로 파악하는 관점은 확보하지 못했다. "사회주의 사실주의" 문학창작을 위한 지침이 되는 문학사를 쓴다고 했으나, 그런 목적을 엄격하게 적용하지 않았다.

내용 서술을 무리하지 않게 하는 데 힘쓰고 특별한 시도를 하지 않았다. 국문으로 쓰고 한자는 괄호 안에 적고, 한시는 대부분 원문을 제시하고, 고전문학과 현대문학을 같은 비중으로 다룬 것도 그 뒤의 문학사와 다르다. 시대구분은 세기별로 하고, 문학을 시가와 산문으로 나누어 고찰하는 방식을 택했다. 국문문학이나 한문문학이냐 하는 것보다 시가냐 산문이냐 하는 것이 더욱 긴요한 구분기준이다.

그러나 문학갈래의 변천에는 관심을 가지지 않았다. 작품을 시대별로 열거하고 계급적인 해석과 평가를 하는 방식을 택하면서, 문학에 나타난 내용을 찾아내는 데 힘썼다. 진보적 지식층이 인민생활의 어려움을 그리고 인민에 대해 동정을 한 자취를 한문학 작품을 힘써 찾아내 적극적으로 평가했다.[28]

남쪽에서 국문문학을, 북쪽에서 한문학을 더욱 중요시한 것은 일견 기이하지만, 국문문학에서 민족문학의 성장을 찾고, 한문학에서 계급문학의 유산을 확인하는 데 더욱 힘쓰는 것이 당연한 일이었다. 그러나 그 두 가지 작업은 서로 배타적이지 않고 상보적이다. 문학사 전개의 양면을 밝혀주고 있어, 문학사 이해의 포괄적인 시각을 확보하는 데 함께 쓰는 것이 마땅하다.

현대문학사 서술은 심한 간섭을 받았다. 남북분단을 할 때 다른 쪽을 선택한 작가는 언급조차 하지 못하게 하는 조처가 양쪽에서 다 있었다. 그러나 고전문학의 유산을 정리하고 고찰하는 작업은 서로 가까운 거리에 있으면서 민족동질성을 확인하고 확대하는 임무를 수행해왔다. 당국자들이 눈치 채지 않게 상대방이 발견한 자료를 이용하고, 상대방의 견해에 대해서 경청하면서 연구하고 집필할 수 있었다.

---

28) 고려 때까지의 한문학에 대해서 특별히 관심을 가지고 이규보, 이곡, 이제현 등이 남긴 그런 작품을 적극적으로 찾아 평가했다. 뒤의 시기에 관해서 계속 그렇게 하지 않았는데, 그 이유는 자료를 조사하는 기초작업이 진척되지 않은 탓이 아닌가 한다.

문 학

  1945년에 광복과 더불어 문학도 희망찬 출발을 했다.[29] 바로 그
해에 《해방기념시집》이 나와 감격을 노래했다. 좌우익을 가려야
한다는 생각 없이 널리 알려진 시인 24인의 작품을 수록했다.[30]
모두 일제의 압제에서 해방되어 민족의 새 역사를 스스로 창조할
수 있게 되어 기쁘다 하고, 장래를 위한 벅찬 포부를 말했다.
  여러 사람의 시에서 한 말을 잘 집약하고 있어 전체를 대표한
다고 인정할 만한 작품이 김광섭의 〈속박과 해방〉이라고 할 수
있다. 그 한 대목을 든다.

    아 기쁘다
    하늘아
    더 높고 더 크고 더 푸르러라
    우리들은 모두 다 영광에 취하여
    그대 푸른 가슴속에 뛰어들어
    일하고 배우고 건설하려느니
    영광스러운 헌신
    하늘을 받들고 우리들은
    자랑스럽게 지상에 우뚝 섰다.[31]

---

29) 권영민, 《해방직후의 민족문학운동연구》(서울 : 서울대학교출판부, 1986)에서
    전반적인 상황을 파악한다.
30) 명단을 들면, 정인보, 홍명희, 안재홍, 이극로, 김기림, 김광균, 김요섭, 김달진,
    양주동, 여상현, 이병기, 이희승, 이용악, 이헌구, 이흡, 박종화, 오시영, 오장환,
    윤곤강, 이하윤, 정지용, 조벽암, 조지훈이다.

그러나 곧 좌우의 대립이 나타났다. 정치노선에 따라 갈라진 문단이 극심하게 다투었다. 언어는 물론 사상이나 학문에서보다 대립이 더 심했다. 좌우 어느 쪽도 아닌 중간노선이 문학에서 특히 미약했다. 문학의 이념적 성격이 강한 탓이다. 일제에 협력하던 작가들이 어느 한쪽에 가담해 공을 세워 처신을 유리하게 하려고 한 것도 그 이유이다.

좌익의 이론가로 나선 임화는 "현대의 민족문학은 분명히 노동계급의 이념에 기초해 있고, 노동계급은 또한 자기의 이념이 인민의 이념이 될 것을 주장하고, 인민의 이념이 또 민족의 이념이기를 요청한다"고 했다. 노동계급이 인민을, 인민이 민족을 인도해 민족은 뒤로 밀려나 있고, 문학이란 이념이어야 한다고 했다.[32]

우익의 대변자 노릇을 한 김동리는 "개성 향유를 전제"로 "인간성을 옹호하는" 순수문학을 "문학정신의 본령"으로 삼아, "시대와 사회를 초월하여 인간이 영원히 가지지 않을 수 없는 인간의 보편적이고 근본적인 문제"를 다루는 세계문학을 민족 단위로 이룩하는 문학이 민족문학이라고 했다. 개인과 인간이 바로 연결되어 민족은 뒤로 밀려나 있고, 문학이란 영원하고 보편적인 정신이어야 한다고 했다.[33]

양쪽에 다 가담하지 않고 별개의 단체를 결성하지도 않은 백철, 홍효민, 염상섭, 채만식, 이무영 등은 좌우의 중간에 서서 제3의 길을 개척하려고 했다. 좌우의 기존 이념 가운데 어느 한쪽에 치우치지 않고 독자적인 문학을 하면서 민족의 진로를 개척하는 것

---

31) 《해방기념시집》(서울 : 중앙문화협회, 1945), 31~32면.
32) 권영민, 앞의 책, 95~98면.
33) 같은 책, 99~104면.

이 진정한 민족문학이라고 했다.

백철은, 정치노선에 의해 지배당하고 있는 좌우익의 정치노선을 따르는 거대한 문학단체는 문학을 해치는 작용을 하니 마땅히 해체하고, 작가들이 각자의 소신에 따라 여러 개의 유파를 이루면서 자유롭게 활동해야 한다고 주장했다.[34] 염상섭은 문학이 정치에 휩쓸려 본궤도를 이탈한 잘못을 시정하고, "좋은 전통은 살리면서 민족정신을 듬뿍 실어 한껏 북돋울" 작품 창작에 힘써야 한다고 했다.[35]

홍효민은 외세에 유린되어 분단으로 치닫는 현실을 바르게 인식하고 비판하는 독자적인 문학을 해야 한다 하고, 그것이 바로 "조선적 리얼리즘"이라고 했다. 1948년에 쓴 〈문학의 역사적 실천 : 조선적 리얼리즘의 제창〉에서 다음과 같이 말했다.

외세에 대하여 아부하는 것으로는 행복이 오지 않을 것을 굳게 믿어야 한다. 조선의 작가는 좌우익을 초월한 조선적 '리얼리즘'으로 돌진해야 한다. 오늘의 조선의 작가의 역사적 실천은 조선적 '리얼리즘'에 있는 것을 깨달아야 한다.[36]

그러나 그런 주장은 막연한 원칙론에 머물렀을 따름이고, 구체화된 이론을 갖추지 못했다. 좌우의 대립을 넘어서는 길을 단시간에 제시하는 것은 가능하지 않았다. 깊이 고민하고 탐구할 시간은

---

34) 1947년에 쓴 〈문학운동의 재출발기〉, 신기형 편, 《해방 3년의 비평문학》(서울 : 도서출판 세계, 1988), 401~405면에서 그렇게 말했다.
35) 1949년에 쓴 〈문단의 자유분위기〉, 같은 책, 421~425면에서 그렇게 말했다.
36) 같은 책, 417면.

없고, 주위의 억압은 더욱 심해졌다. 좌우익 양쪽에서 거부반응을 보이는 데 맞서서 미완의 주장을 계속 펴는 것은 너무나도 힘겨운 일이었다.

그래서 창작을 통해서 해야 할 일이 있었다. 화려하고 막연한 말로 미래를 설계하는 강령으로 과거 청산을 대신하는 풍조와 맞서야 했다. 외래의 정치사상을 가져와 미래의 설계로 삼는 선동가들이 특히 목청을 높이는 데 휩쓸려 분위기에 대해 경고해야 했다. 과거가 청산이 되지 않아 미래를 불안하게 하는 세태를 냉철하게 비판하는 일은 문학의 소관이라 소설을 써서 감당해야 했다.

과거의 청산을 문제삼는다는 소설은 여러 경향으로 나누어졌다. 일제에 협력하면서 민족을 배신한 것은 당사자에게 불행한 일이니 동정을 하지 않을 수 없다고 하는 생각을 나타낸 작품도 있었다. 김동인은 1946년에 〈반역자〉를 써서 과거 청산에 대한 한 가지 전형적인 견해를 보여주었다.

그 작품은 이광수를 모델로 해서, 역사에 대한 근시안적 판단으로 인해 민족 반역자가 된 처지를 동정한 내용이다. 일본 천황의 항복 방송을 듣고 눈물을 흘리는 모습을 그렸다. 개인적이고 감상적인 시각에서 민족의 문제를 다루면서, 잘못이 있는 사람이라도 동정심을 얻어서 용서받을 수 있게 되기를 바라는 마음을 그렇게 나타냈다. 누구든지 자기 나름대로 살아가게 마련임을 인정하고 서로 관대하자고 했다.

과거의 잘못은 새로운 이념을 가지고 인민의 편에서 서서 투쟁을 하면 보상될 수 있다고 하는 작가도 있었다. 이태준은 1946년에 쓴 〈해방전후〉에서 일제의 '문인보국회'에 가담했던 주인공이 새로운 활동을 하는 모습을 보여주었다. 좌익문학운동에 적극 가담해 화려한 변신을 한 결과 조선문학가동맹이 수여하는 '해방기념조선문학상'을 수상하게 되었다고 했다.

과거에 대한 참회가 그 자체로 필요하지 않다 하고, 새로운 활동을 열심히 하면 모든 잘못이 속죄될 수 있다고 하는 생각을 그런 방식으로 나타냈다. 사람에게는 공적인 생활이 소중해 남들의 평가를 얻고 상을 받고 하는 영광을 소중하게 여겨 마땅하다는 주장도 함께 전했다. 좌익 노선이 절대적인 가치를 가진다고 믿고 그렇게 주장할 수 있었다.

그러나 스스로 무어라고 하지 않았지만, 좌우 어느 쪽에도 가담하지 않아 중간파일 수밖에 없는 채만식은 자기 변호를 위한 어떤 논리도 찾지 않고, 참회하는 것이 쉽지 않다는 것을 통감했다. 1948년에 〈민족의 죄인〉을 써서, 일제 말기에 낙향해 붓을 꺾은 사람, 낙향을 하고서도 압력에 굴복해 친일문학활동을 한 사람, 생활을 위해 신문사에 계속 근무하면서 친일을 한 사람이 만나 언쟁을 하며, 변명도 하고 비난도 해보지만, 과거를 청산하는 것이 쉬운 일이 아님을 절실하게 보여주었다. 채만식은 서울에 나타나지 않고 시골에서 가난하게 살다가, 전쟁이 나기 바로 전인 1950년 6월 11일 49세의 나이로 세상을 떠났다.

잘못된 세태를 그대로 두고 보지 못해 풍자하면서, 앞으로 어떻게 해야 할 것인가 하는 의문에 대해서 마땅한 해답을 얻지 못했다. 1945년의 〈孟巡査, 畵出魍魎之圖〉에서는 일제의 순사가 다시 순사가 되어 뻐기다가, 과거의 살인강도 무기징역수가 동료 순사가 된 것을 보고 도망치듯 사직했다고 했다. 1946년에 쓴 〈미스터 방〉에서는 신기료장수를 하다가 미군 통역으로 벼락출세한 위인이 뜻하지 않은 실수로 미군 장교에게 얻어맞는 모습을 그렸다.

1948년의 〈낙조〉에서는 갑자기 득세해 남북을 갈라놓는 정치인들이 전쟁을 일으킬 것 같은 기세를 따라가지도 못하고 이해하지도 못하는 피해대중의 혼란을 나타냈다.

그렇다고 절망만 하고 있을 것은 아니었다. 〈소년은 자란다〉라고 하는 중편소설에서는 희망을 찾자고 했는데, 그 작품은 1949년 2월 25일에 탈고하고서 발표할 수 없어 유작으로 남겼다. 만주에서 살다가 귀국한 열네 살 된 소년이 다른 가족은 다 잃고 아홉 살인 누이와 둘만 남았다. 형은 김일성 유격대에 가담해 집을 떠난 뒤 소식이 없고, 해방이 되어 떠나오다가 어머니가 만주에서 중국인에게 피살되자 어린 동생도 죽고, 친일파의 소굴이 된 서울에서 견디지 못해 농사를 지을 땅을 찾아 전라도로 향하다가 아버지는 행방불명이 되었다. 그런 상황에서 갖은 고난을 무릅쓰고 살기 위해 애쓰면서 소년은 자란다고 했다. 가족을 모두 잃고 과거와 결별했으므로 새 출발을 다짐하지 않을 수 없게 되었다고 했다.

중간파의 문인들은 지지해주는 정치세력이 없고, 후원자도 만나지 못하고, 대중의 호응도 받지 못해 어려움을 겪었다. 중간파의 존재를 허용하지 않는 상황에 과감하게 맞설 용기도 없었으며, 작품 창작에서 좌우의 편향성을 시정하는 대안을 설득력 있게 제시하지 못해 창작의 성과가 뚜렷하지 못했다.

이무영은 1946년에 발표한 〈宏壯小傳〉에서는 무엇을 보든지 "굉장하군" 하면서 일본인 비위를 맞추며 살던 인물이 변신해서 다시 출세하는 모습을 그렸다. 염상섭은 1948년에 〈삼팔선〉, 1949년에 〈해방의 아들〉을 써서, 만주에서 출발해 이북을 거치고, 삼팔선을 넘어 남하한 사람들이 겪은 고난을 담담하게 그렸다. 일상적인 삶의 모습을 묘사하는 데 그치는 세태소설을 써서 크고 중요한 문제를 두고 발언을 해야 하는 부담에서 벗어나는 방법으로 삼았다. 그러나 미완성의 시도, 부족한 논의가 모두 소중한 유산이다.

마무리

통일된 조국의 국호를 '우리나라'라고 하자고 나는 주장한다.[37] '조선'·'한국'·'고려'가 모두 역사적 유래가 분명한 좋은 말이지만, 선호하는 정도가 달라 지나친 시비가 일어날 수 있으므로 모두 별칭이나 애칭으로 쓰고, 정식 국호는 '우리나라'로 하는 것이 마땅하다. '우리나라'는 대한민국이나 조선민주주의인민공화국보다 월등하게 훌륭한 나라여야 한다. 그런 나라를 세우는 설계도를 남북이 협동해서 만드는 것이 가장 바람직한 통일을 이룩하는 최상의 방안이다.

그 방안을 다른 데서 가져올 수는 없다. 남의 설계도를 가져와서 건국을 한 잘못을 되풀이하지 말아야 한다. 지금은 세계 어느 곳을 둘러보아도 가져와서 쓸 만한 설계도나 지침이 없다. 프랑스혁명에 연원을 둔 제1세계의 지침, 러시아혁명에서 비롯한 제2세계의 지침을 둘 다 넘어서서, 역사의 방향을 다시 설정하는 제3세계의 지침을 구현하자는 세계사의 소망을 이룩하는 데 '우리나라'가 앞장서야 마땅하다. 제1세계와 제2세계에 각기 따르다가 겪은

---

37) 《우리 학문의 길》에서 그렇게 주장하면서, 통일 설계의 학문에 힘써 '우리나라'를 바람직하게 이룩하기 위해 진력하자고 했다.

격심한 고통에서 벗어나야 하는 조건을 분발의 원천으로 삼아 커다란 비약을 이룩해야 한다.

민족사가 전개된 전 기간 동안에 사상을 창조하고 문화를 이룩한 성과를 최대한 활용해야 그렇게 하는 데 필요한 능력을 갖출 수 있다. 1945년부터 몇 년 동안의 민족지성은 그리 대단한 유산이 아니라고 할 수 있으나, 잘못된 역사를 바로잡는 데 직접 소용되어 아주 소중하다. 좌우의 양극단을 넘어서서 민족의 단합을 이룩하고, 외세사상의 지배에 민족의 역량으로 맞서려고 한 의지를 오늘에 되살려야 한다.

중간노선의 민족지성이라도 좌우에 끌리지 않을 수 없고, 그 내부에 많은 차질이나 갈등이 있었다. 그런 바람직하지 않은 요소를 제거해 발상을 단일화하려고 하지 말아야 한다. 갈등이 조화이고 조화가 갈등이며, 생성이 극복이고 극복이 생성이라고 하는 生克의 원리에 따라 통합을 이룩해야 한다. 이질적이거나 적대적인 것들이 공존하면서 다투는 것이 바람직한 통합이다. 그런 통합에서 역동적인 창조가 이루어진다. 지성-문화에서 그렇게 한 성과를 정치-경제의 영역에 적용해서 더욱 격렬한 갈등을 한층 큰 통합에다 받아들이는 것이 그 다음 순서로 할 일이다.

통일은 문화통일·사회통일·경제통일·정치통일의 순서로 이룩해야 한다.[38] 첫 단계 문화통일을 위해 최소한 필요한 일부터 해서 앞으로 나아가 그 다음 여러 단계의 통일을 준비하기 위해, 휴전선 한 곳을 헐고 통일대학을 함께 세워서 공동으로 운영하자고

---

38) 〈문화통일의 의의와 추진 방안〉, 《독서·학문·문화》(서울 : 서울대학교출판부, 1994)에서 그런 주장을 폈다. 통일대학에 대한 구상도 거기서 제시했다.

제안한다. 그 대학에서 남북의 학자들이 함께 연구해야 할 대상에 1945년 이후에 민족지성으로 이룩한 업적이 포함되어야 한다. 분단시기의 창조물 가운데 생성이 극복이고 극복이 생성이라고 하는 生克의 원리에 입각해서 공동의 유산으로 받아들일 수 있는 것을 가려내는 작업에서 문화통일이 구체적으로 진행된다.

덧붙임

이 발표에 관해서 조영건(경남대, 경제학), 정백현(성균관대, 서양사) 두 교수의 질의에 대해 응답했다. 나의 발표가 남북의 만남을 위해 어떤 구실을 하고, 세계적인 의의를 어느 정도 가졌는가 하는 것이 문제로 제기되었다. 이에 대해서 나는 남쪽만이 아닌 남북이 함께, 우리만이 아닌 세계가 함께 하는 논의를 전개하고자 했다고 했다. 내 학문의 근본이론인 生克論이 남북을 아우르고, 세계와 함께 나아갈 수 있게 하는 의의가 있음을 믿는다고 했다.

1993년에 중국 연변대학에 가서 집중강의를 하면서, 生克論에 관한 소견을 편 것이 그 점을 확인하는 좋은 기회였다고 했다. 그 강의에는 연변대학 교수들이 다수 출석했으며, 유물론철학, 毛擇東사상 전공자들도 있었고, 북한에서 공부한 교수가 적지 않았다. 그 자리에서 나는 毛澤東의 〈矛盾論〉은 전문 맞고 또한 전문 틀렸다고 했다. 生克의 양면 가운데 克에 관해서는 타당한 논의를 전개했으나, 生은 무시한 편향성이 있어 잘못되었다고 했다. 生克論은 矛盾論을 포괄하면서 넘어서서 모순과 조화, 투쟁과 화합의 양면을 아울러 이념과 체제의 대립을 넘어서는 길을 제시한다고 했다. 生克論은 통일의 철학일 수 있고, 세계사의 위기를 극복하는 지침일 수 있다고 믿는다고 했다. 그렇게 주장한 데 대해서 강의 참석자들의 동의를 얻고, 후속 작업을 하고 있다.

그 강의가 외국인이 연변대학에서 최초로 한 강의라고 그곳 신문에 보도되었다. 강의를 마칠 때 이렇게 말했다. "내가 연변대학에 와서 최초로 강의하는 남쪽 학자가 된 것은 커다란 영광이다. 연변에 오니, 평양까지 절반은 간 것 같다. 다음에는 평양에서 최초로 강의한 남쪽 학자이기를 희망한다." 이 말을 듣고 연변대학 교수들을 대표할 수 있는 분이 말했다. 내가 한 강의 내용에 대해서 연변의 학자들은 "충분히 '접수'(동의)할 수 있어, 평양의 학자들 또한 그럴 수 있다고 본다"고 하고, 평양에서도 강의하도록 주선할 용의가 있으나 "날이 좀 개이거든 보자"고 했다.

평양에 가서 강의할 기회는 없었다. 그러나 그쪽 소식은 듣고 있다. 김일성종합대학 조선어문학부 교수들이 내가 쓴 책을 여럿 읽고서, 개인저작일 수는 없고 한 집단이 공동으로 연구하고 집필한 성과를 한 사람의 이름으로 발표한 것이 아닌가 하고 연변대학 교수 한 분에게 물었다고 했다. 1998년에 서울에 와서 전해준 소식이다. 질문을 받은 분이 "조동일의 책을 얼마나 읽었기에 그렇게 말하는가?" 하고 되물으니, "연변대학에서보다는 우리가 더 많이 읽었을 것이다"고 대답하더라 했다. 나는 북쪽 학자를 만난 적이 없다. 그러나 북쪽 학자들이 내 책을 주의 깊게 읽고 있는 것은 알고 있다. 그분들을 소중한 독자라고 의식하면서 책을 쓰고, 학설을 전개한다. 오늘 발표한 내용도 그런 것이다.

오늘날 우리가 해야 할 학문은 민족통일을 설계하고, 동서의 이념대립을 넘어서고, 근대를 극복하고 세계사를 새롭게 창조하는 지침이어야 한다. 1945년에서 1960년까지 닥친 좌우의 이념대립과 민족분단의 시련을 이겨내고자 한 민족지성을 찾아서 평가하는 것이 그렇게 하는 데 소중한 의의가 있다. 내가 말한 민족지성은 그 시대 지성의 주류이지 못했고, 필요한 내용이 제대로 갖추어진 것도 아니지만, 소중한 의의가 있어 재발견해 평가하면서 미비점을 보완해 미래를 설계하는 데 이용하자고 했다.

지성사를 거론하면서 과거가 잘못되었다고 개탄하고 자책하고 마는 비관적인 태도는 마땅하지 않다. 그런 말이 필요하기는 하지만, 논의의 도달점이어서는 안 된다. 이제 개탄에서 자각으로, 과거에서 미래로 방향을 돌려야 한다. 이렇게 생각해서 다른 분들과는 상당한 거리가 있는 발표를 했다.

종합토론에서는 학문의 새로운 방향에 관해서 말했다. 1990년대에 들어서서 오늘날까지, 정치를 민주화하고 사상의 자유를 얻자는 투쟁이 어느 정도 성사를 한 결과 '비판하는 지성'은 표적이 불분명해져서 어찌 할 바를 모르고 허탈에 빠진 것이 커다란 문제이다. 우리 사회 안에 아직도 비판하고 투쟁해야 할 과업이 많이 남아 있으니 힘을 내자고 하는 것도 문제해결에 도움이 되는 처방이지만, 생각을 아주 바꾸어야 한다.

지금의 상황은 진실로 가치 있는 창조를 할 수 있는 최소한의 작업여건이 마련된 것에 지나지 않는다. 작업여건을 위한 주장이 일부 받아들여지자 작업을 그만두는 것은 우스운 일이다. 투정만 하고 일은 하지 않는 짓이다. 이제 '비판하는 지성'에서 '창조하는 지성'으로 방향을 돌리고, 길거리에서 작업장으로 장소를 옮겨 역사를 새롭게 이룩하는 커다란 설계도를 마련해야 한다. 민족분단, 유럽문명권중심주의·근대지상주의·시장경제절대주의·과학만능주의를 넘어서서, 민족통일을 이룩하고, 문명권의 대등한 관계를 회복하고, 생산과 분배가 다 잘되고, 과학과 통찰을 아우르는 지침이 되는 학문을 해야 한다.

그렇게 하기 위해서는 철학하는 능력을 되찾는 것이 필수적인 과제이다. 내 발표에서 철학의 문제를 길게 거론한 것이 그 때문이다. 남북의 학자들이 한자리에 모여 전통철학의 이해와 계승에 관한 논의를 벌이는 것이 가장 긴요한 과업이다. 거기 참가해서 어떻게 발표하고 토론할지 연구하고 준비하자.

세계학문의 새로운 지평

제1세계냐 제2세계냐

우리 지금 어디로 가야 하는가를 두고 심각한 의견대립이 있다. 제1세계에 진입하기 위해서 온갖 힘을 기울여야 한다고 한다. 지금이라도 늦지 않았으니 제2세계의 길에 들어서야 한다고도 한다. 그러면서 각기 그런 방식의 통일을 구상한다. 한편에서는 남쪽이 서독처럼 부강한 제1세계 국가가 되어 북쪽을 흡수하는 통일을 해야 한다고 생각한다. 한편에서는 남쪽의 자본주의가 파탄에 빠지고 북쪽의 사회주의는 더욱 강력해져서 월남에서 한 것과 같은 통일을 이룩해야 한다고 믿는다.

그런데 두 가지 주장 가운데 어느 쪽에 기꺼이 동의하는 사람은 많지 않다. 주장하는 대로 실현될 수 있는가도 의문이지만, 과연 바람직한 방향을 제시했다고 할 수 있는가 따져보지 않을 수 없기 때문이다. 제1세계에 뒤늦게 진입해 선진국이 되었다고 한들, 말석을 면하지 못하는 위치에서 선두를 추종하기나 할 것이니 자랑스러울 것이 없다. 일본의 전례를 따라 경제대국이 되지는 못하면서 자기비하를 일삼는 문화소국의 폐단부터 빚어낼 염려가 있다. 제2세계의 사회주의를 지키기 위해서는 시장경제를 받아들여 빈부차이를 벌이고 분배의 정의를 희생시켜 사회주의를 스스로 유린해야 하는 상황이다. 중국에서 겪고 있는 시련을 되풀이해야 할 이유는 없다.

제1세계든 제2세계든, 그 어느 쪽으로 가더라도 막차를 타는 불행을 자초한다. 우리가 택해야 할 진로는 제1세계도 아니고 제2세계도 아니고 제3세계이다. 제3의 길을 스스로 찾아나서는 것 외에 마땅한 대안이 없다. 제1세계 안에서 제3의 길 운운하는 데 현혹되지 말고, 제3세계의 광대한 영역에서 이루어지고 있는 역사창조를 선도하는 방향을 찾아야 한다. 민족통일을 바람직하게 이룩하고, 세계를 위해 널리 기여하는 최상의 방안이 거기 있다.

제3세계의 길

제3세계의 길이 어디 있는가? 이에 대해서는 정해진 해답이 없다. 제3세계 다른 나라의 전례를 따르면 되는 것은 아니다. 제1세계의 노선과 제2세계의 이념을 둘 다 받아들이면서 넘어서서 인류역사를 새롭게 창조하는 제3세계의 길은 제3세계 여러 민족이 각기 자기 역량을 발휘해서 스스로 모색하고, 연구하고, 실현하는 데 동참해 그 성과를 확대해야 한다. 아직까지 뚜렷한 성과가 없고, 실패를 거듭했다고 하는 이유에서 물러설 수 없다.

제3세계가 나아갈 길을 찾는 주체는 누구인가? 기업인인가? 아니다. 제1세계는 기업인이 주도하지만, 제3세계는 그럴 수 없다.

정치인인가? 아니다. 제2세계는 정치인이 움직이고 있지만, 제3세계는 그렇지 않아야 한다. 제3세계가 나아가야 할 길을 찾는 것은 문화창조의 작업이다. 문화창조자가 나서서 바람직한 미래를 구상하는 총체적인 설계도를 마련해 기업인이나 정치인이 해야 할 일까지 알려주어야 한다.

제1세계나 제2세계도 태동기부터 기업인이나 정치인의 독무대였던 것은 아니다. 문화창조자들이 역사의 방향을 찾고, 새로운 사회구성을 염원했다. 막연한 공상이거나 무리한 주장이라고 생각되던 것들이 구체화되어 역사가 바뀌었다. 설계를 위해 진력한 문화창조자는 시공 단계에 이르자 뒤로 밀려나고, 기업인이나 정치인이 전면에 나서서 실권을 잡았다. 그 때문에 제1세계나 제2세계에서는 학문을 하거나 작품을 창작하는 사람들은 무력하기만 하다.

그러나 이제 문화창조자가 다시 나서야 할 때가 되었다. 제3세계가 제1세계나 제2세계와는 다른 방향으로 나아가 세계사를 새롭게 여는 지침서를 마련하는 작업은 문화창조자의 임무이다. 그렇게 하기 위해 정신을 차리자. 인류 역사는 종말에 이르렀다고 하는 거짓말에 현혹되지 말자. 공산주의 사회의 도래가 희망찬 미래라는 예언이 빗나가서 생긴 당혹감에 말려들지 말자. 세계사를 꿰뚫어보는 새로운 통찰력을 가지고, 불행한 시대인 근대를 극복하고 다음 시대를 맞이하는 데 제3세계 문화창조자가 앞장서야 한다.

그처럼 거대한 임무를 온통 감당할 초인이 따로 있지 않으니 목놓아 부를 것은 아니다. 학문을 하거나 작품을 창작하는 우리 모두가 지구를 돌리는 역군임을 자각하자. 지금 하고 있는 일의 세계사적 의의를 깊이 자각하고 더욱 절실하게 구현하면, 세상 사람들이 미처 모르고 있는 가장 내밀한 영역에서부터 시작해서 신천지가 전개된다.

나는 그 작업의 일부를 내 나름대로 맡아서, 제3세계학문에 관한 서론을 쓰면서, 제1세계학문, 제2세계학문과 제3세계학문의 기본관계부터 문제삼는다. 제3세계의 학문은 제1세계와 제2세계의 학문과는 별개로 이루어질 수 있는 것이 아니다. 그 둘에 대한 비판적 대안이 제3세계학문이다. 그 둘을 가져와 버릴 것을 버리는 대안을, 받아들여야 할 것을 개조해 만드는 작업을 해야 제3세계 학문이 이루어진다. 그런 내용의 학문론을 이룩하려고 책을 여러 권 쓰고 있다.

제1세계의 학문은 조화로운 생성을 뜻하는 '生'에 치우쳐 있다. 제2세계의 학문은 투쟁을 통한 발전을 뜻하는 '克'에 치우쳐 있다. 그래서 둘 다 버려야 하는 것은 아니고, 둘을 합쳐서 넘어서야 한다. '生'에 치우친 결함은 '克'으로 시정하고, '克'으로 해결책을 삼기만 하는 편향성을 '生'의 실현을 통해서 바로잡아, '生'과 '克'을 둘 다 온전하게 하는 '生克'을 이룩해야 한다. '生克'론의 학문철학을 이룩하면서 구체적인 연구를 추진한다.

세계소설사의 이론

지금 하고 있는 연구는 소설사의 이론을 세계적인 범위에서 다시 마련하는 것이다. 제1세계와 제2세계에서 각기 이룩한 선행연구에 그 나름대로의 의의와 한계가 있으므로, 받아들여 이용하면서 넘어서야 한다. 제1세계는 '소설'에 치우치고, 제2세계는 '사'

쪽으로만 뻗은 것을 하나로 합치고 바로잡아 '소설사'를 제대로 파악하는 것이 제3세계학문의 임무이다.

제1세계의 전례를 가져와서 소설을 논하면 작품의 세부를 정밀하게 파악할 수 있는 이점을, 전체의 시야를 상실하고 표면에 나타난 현상을 산만하게 살펴 논리를 저버리는 폐단을 시정하면서 살려야 한다. 제2세계에서 사회사와 문학사를 연결시키는 역사적 인식을 확보한 성과는, 역사관의 이념화 때문에 생긴 경직된 사고를 비판하면서 활용해야 한다.

그러나 제1세계와 제2세계의 학문을 함께 받아들여 서로 부딪혀 잘못을 시정하는 것은 한 단계 작업이다. 양쪽이 함께 지닌 결함을 알아차리고 크게 넘어서는 더 큰 작업을 해야 그 다음 단계로 나아간다. 제1세계와 제2세계가 공유하고 있는 유럽문명권중심주의, 근대지상주의를 시정하고, 여러 문명권에서 이룩한 다양한 창조를 근대 다음의 시대를 설계하는 원천으로 사용하는 것이 한층 차원 높은 작업이다.

소설사의 이론에 관한 문제는 바로 소설의 문제이다. 제1세계에서 소설을 평면적으로, 미시적으로, 부분적으로 이해하는 것은 그쪽의 소설이 우연하게 나타나는 개인적 관심사를 다루는 데 그치면서, 사회적인 갈등이나 구성상의 긴장을 해체했기 때문이다. 소설에서 역사의식이 빠져나갔으므로 소설의 역사를 이해하는 이론이 사라졌다. 제2세계에서는 지도적인 이념을 실현하기 위해 분투하는 긍정적인 주인공의 전형적인 모습을 그리는 데 힘써야 하므로, 소설사의 전개를 둘러싼 심각한 논란이 단순화된다. 그러나 제3세계소설에서는 개인과 집단, 우연과 필연, 조화와 갈등의 복잡한 관계를 아무런 정형 없이 마구 파헤치면서, 역사의 방향에 대한 치열한 공방전을 펼친다.

제1세계의 중심지 유럽의 소설은 죽었다고 그쪽에서 먼저 말하고 있다. 제2세계의 지도국가 러시아의 소설은 살아 있어 그 대안을 제시한다는 주장은 설득력을 잃고 물러났다. 지금 한창 살아 있어 세계문학사의 미래를 창조하는 소설은 제3세계소설이다. 아프리카의 작가들이 그 점을 특히 선명하게 인식해 놀라운 작품을 내놓으면서 인류 전체를 위한 선지자 노릇을 하고 있다. 거기 우리도 함께 가야 할 넓게 열린 길이 있다. 나는 지금 《소설의 사회사 비교론》을 쓰면서 그 길로 나아가고 있다.

제3부 학문 정책

선진학문을 위한 학술진흥
국제학술회의를 통한 세계 진출
학문을 죽이는 정책과 살리는 정책

선진학문을 위한 학술진흥[1]

문제 제기

　한국학문의 현황과 진로를 둘러싸고 심각한 논란이 벌어지고 있다. 원론적인 문제도 논의해야 하지만, 학문 발전을 가속화하는 데 필요한 구체적인 대책을 마련하는 것이 또한 긴요한 과제이다. 나는 《우리 학문의 길》(서울 : 지식산업사, 1993)과 《인문학문의 사명》(서울 : 서울대학교출판부, 1997)에서 지금까지의 대학운영과 학술진흥정책이 잘못되어 한국학문을 선진화하고 국제화하는 데 장애가 된다고 거듭 비판한 바 있다. 비판을 했으면 대안을 제시해서 잘못을 바로잡을 수 있게 할 책임이 있다.

　기존의 학문에 대해서 비판하고 그 대안이 되는 새로운 학문을 제시하는 것은 쉬운 일이다. 기존 지식의 전달에서 벗어나 스스로

---

1) 이 글의 원래 제목은 〈한국학문의 선진화·세계화를 위한 학술진흥 방안〉이다. 1997년에 한국학술진흥재단에서 그런 제목의 연구를 할 사람을 공모하는 데 응모해 연구비를 받고 이 글을 써서 1998년에 제출했다.

연구해야 한다. 수입학에 머무르지 말고 창조학을 해야 한다. 외세 의존의 사고방식을 버리고 민족사의 미래를 스스로 창조하는 지침이 되는 학문을 해야 한다. 세계학문의 변두리에 머무르고 있는 한국학문을 세계화의 중심지로 가져가야 한다. 이렇게 열거하는 조건을 요약해서 "창조적·발전적·주체적·세계적" 등의 관형사가 달린 새로운 학문을 해야 한다는 말은 누구든지 쉽게 할 수 있다.

그런데 문제는 그런 새로운 학문을 하는 것이 실제로 가능한가 하는 데 있다. 헛된 꿈을 두고 열을 올리는 것은 어리석다. 누가 그런 학문을 해야 하는가도 문제이다. 누군가는 해야 한다고 하면 무책임한 말이다. 어떻게 하면 그런 학문을 할 수 있는가 하는 물음에 대해서, 국가의 학문정책이 바뀌면 된다고 하는 것도 잘못이다. 학문을 어떻게 해야 하는가 알지 못하는데, 학문을 잘 할 수 있도록 도와주는 정책을 바로 세우는 것은 불가능하다. 만용에 해당하는 과잉의욕 때문에 일을 망칠 수 있다.

그러므로 구경하는 사람이나 일을 시키는 사람이 아닌 일을 하는 당사자가 발언을 해야 한다. 다른 누구에게 시키거나 미루지 말고 내 자신이 새로운 학문을 실제로 해서 그 가능성을 입증하고 방향을 구체화해야, 지금까지의 잘못을 나무랄 자격이 있고, 국가의 학문정책을 어떻게 바꾸어야 하는가 말할 수 있다. 이 글은 내 자신이 학문의 혁신을 실제로 하면서 그렇게 하는 데 장애가 되는 요인을 제거하고 도움이 되는 방법을 어떻게 강구해야 하는가 구체적으로 제시하자는 데 목적을 둔다.

지금부터의 논의가 모든 학문에 일제히 적용될 수 있는 논의를 할 수는 없으므로, 적용 분야를 한정해 둘 필요가 있다. 학문은 크게 나누면 인문학문·사회학문·자연학문의 세 분야가 있다. 또한 학문을 국학과 수입학으로 나눌 수도 있다. 나는 그 가운데 국학인 인문학문을 전문분야로 하고 있어서, 이하의 논의가 그쪽에 치우치는 것은 어쩔 수 없는 일이다. 연구를 진흥하는 구체적인 방안 가운데 자연학문에는 해당되지 않은 것이 있으리라고 예견한다. 가령 연구가 저서 단위로 이루어져야 한다는 주장은 인문학문과 사회학문의 범위를 넘어서기 어려울 것이다.

나는 인문학문에서 시작해서 사회학문으로, 거기서 더 나아가 자연학문에까지 이르는 길을 찾고, 국학이 수입학문을 아울러 세계학문으로 발전하는 방안을 마련하는 것을 목표로 해서 학문을 하고 학문을 논해왔다. 앞에 든 두 책에서 학문을 하는 방향과 방법을 시비한 것 외에, 한국문학연구에서 출발해서 세계문학사를 다시 쓰는 이론을 세계적인 범위에서 혁신하기 위해서 분투하면서 내놓고 있는 일련의 저서가 우리 학문의 진로를 설정하는 데 큰 도움이 된다고 믿고 논의를 시작하고자 한다.[2] 국학인 인문학문에서 출발해서 다른 영역의 학문까지 나아가고 국학이 세계학문으로 발전하는 데 필요한 대책을 강구하는, 절실하게 요망되는 사항을 분명하게 밝혀내는 데 나의 연구경험을 활용하고자 한다.

한 나라의 학문을 논하면서 많은 사람의 경우를 조사하고 분석한 객관적인 자료를 사용하지 않는 것은 잘못이라고 하는 말을 들을 수 있다. 자기가 연구한 경험을 근거로 삼는 것은 애초에 잘

---

2) 그런 저서가 《세계문학사의 허실》(서울 : 지식산업사, 1996) ; 《카타르시스·라사·신명풀이—연극·영화미학의 기본원리에 관한 生克論의 해명》(서울 : 지식산업사, 1997) ; 《동아시아 구비서사시의 양상과 변천》(서울 : 문학과지성사, 1997)으로 나와 있다.

못이고, 주관에 치우친 일방적인 결과에 이르게 된다고 하는 우려
도 있을 것이다. 그렇지만 연구의 현황에 대한 평균적인 사항을
검토하자는 것은 아니므로, 통계적인 방법을 사용하는 것은 적합
하지 않다.[3] 학문의 혁신이 실제로 어떻게 가능한가 하는 문제는
통계적인 방법뿐만 아니라 다른 어떤 실증적인 방법으로도 밝혀
낼 수 없다.

학문은 과학과 통찰을 아울러야 제대로 될 수 있다고 했다.[4] 학
문을 혁신하는 과업은 과학에 대한 통찰을 요구한다. 통찰이 그
자체로 분리되지 말고, 과학을 대상으로 하고 과학으로 구체화되
는 통찰을 갖추어야 하는 점에서 과학과 통찰을 아우르는 학문을
해야 한다. 그런데 그것과는 반대로 통찰이라는 연구대상을 과학
의 방법으로 다루려고 하면 이루어지는 것이 없다. 과학적 실증을
반드시 필요로 하는 작업을 통해 내가 학문을 하면서 학문은 어
떻게 해야 하는가 하는 문제에 대해서 깨달아서 얻은 통찰을 근
거로 학문 혁신의 과제를 확대해서 다루는 것이 조금도 잘못되지
않다.

이하의 내용은 세 가지로 이루어진다. 연구비 지급제도를 개선
하는 방안을 몇 항목에 걸쳐 제시하는 것이 가장 긴요한 과제이
다. 그 다음에는 연구를 활성화하기 위한 지원책 가운데 가장 긴
요한 도서확보의 대책을 제시한다. 끝으로 한국학문의 세계화를

---

3) 이성호, 《한국의 대학교수》(서울 : 학지사, 1992)가 통계적인 방법을 사용해서
   대학과 대학교수의 문제를 다룬 업적의 좋은 본보기가 된다. 거기서는 교수의
   임무 수행에서 나타나는 대체적인 추세와 평균적인 사항을 밝히면서 통계적인
   방법이 유용함을 입증했다. 그러나 나는 연구를 진흥하는 특별한 비결을 찾아서
   제시하고자 하므로, 계량적으로 파악할 수 없는 사실에 대한 심층적인 논의를
   하지 않을 수 없다.
4) 《인문학문의 사명》의 〈과학과 통찰을 아우르는 학문〉에서 한 작업이다.

지원하는 데 직접 소용되는 국제학술회의 개선책과 번역사업의
방법을 마련한다.

연구비 사용의 실제 상황

연구비는 왜 필요한가 하는 점을 먼저 분명하게 해야 모든 문
제가 풀린다. 연구비는 연구에 직접 비용이 소용되기 때문에 절대
적으로 필요하고, 또한 다른 부수입은 생각하지 않고 연구에 전념
할 수 있게 하고 연구의 의욕을 북돋우는 데도 도움이 된다. 연구
비가 없어도 연구를 잘 할 수 있다는 것은 생각할 수 없는 일이다.

연구에 직접 소용되는 비용이 무엇이며 어느 정도인지 자명하
다고 할 수는 없으므로 내 자신의 경우를 예를 들어 논의해보고
자 한다. 나는 1997년 8월 6일부터 22일까지 15일 동안 유럽에 가
서, 네덜란드 레이덴에서 열린 국제비교문학회(International Com-
parative Literature Association) 제15차 발표대회에 참가해 논문
을 발표하고, 그 기회에 네덜란드, 독일, 스웨덴, 노르웨이, 덴마
크, 베르기의 여섯 나라 아홉 개 도시의 서점을 순방하면서 연구
에 필요한 도서를 구입해서 우송했다. 그렇게 하는 데 소요된 경
비를 대강 계산하면, 항공료 140만 원, 육상교통비 60만 원, 숙식
비 100만 원, 도서구입 및 우송료 400만 원, 계 700만 원 정도가
된다. 그 액수가 1997년 동안 사용한 연구비의 가장 중요한 부분
을 이룬다. 그 돈을 필요해서 썼는가 아니면 공연히 썼는가, 어떻
게 마련했는가 고찰하는 것이 이제부터 할 일이다.

국제비교문학회 발표대회는 문학에 관한 국제학술회의 가운데
규모가 가장 크고, 가장 많은 나라 학자들이 참가한다. 그런 학회

에 가서 논문을 발표하는 것은 학문을 하면서 학문의 동향을 알고, 내 학문과 남들의 학문을 주고받을 수 있다. 그렇게 해서 내가 하고 있는 연구가 세계적인 범위에서 어떤 위치에 있고 어떤 의의가 있는가 확인할 수 있고, 새로운 연구를 위한 의욕과 자극을 얻을 수 있다.

그런 학회에 참석한 기회에 연구에 필요한 자료를 모으는 것도 당연히 해야 할 일이다. 지금 내가 하고 있는 세계문학사의 이론 정립 같은 작업을 진행하기 위해서는 연구용 도서를 광범위하게 수집하는 수고를 아낄 수 없다. 국내 도서관의 장서는 너무 미비하고, 내가 그 동안 모은 자료도 많이 모자라 계속 보충해야 한다. 외국도서를 주문해서 우편으로 구입하는 방법도 줄곧 사용하고 있지만, 현지에 가서 책을 직접 보고 내용을 검토해서 사는 것이 더욱 바람직한 방안이다.

국제학술회의에 참가해 논문을 발표하면 내가 재직하고 있는 서울대학교에서는 여비를 보조하는 제도가 있어 100만 원을 받았다. 그러나 나머지 600만 원은 연구비로 충당해야 했다. 다행히 1997년과 1998년 두 해에 걸쳐 "공동문어문학과 민족어문학의 세계사"의 저술을 하는 연구비 1000만 원을 서울대학교에서 지급하게 되어, 그 가운데 반액인 500만 원을 이미 수령했다. 성곡학술문화재단에 신청한 1997년도의 연구과제 "한국·일본·월남 중국 문학 번역의 역사적 변천 비교연구"도 채택되어, 총액 1000만 원 가운데 300만 원을 이미 받았다. 800만 원의 연구비를 이미 받았으므로, 그 가운데 600만 원을 쓸 수 있었다.

연구비가 부족하니 더 달라고 하는 것은 아니다. 받은 액수는 지나치게 많다고 할 수 있다. 문제는 연구비의 액수가 아니고 연구비를 사용해서 연구를 하는 데 따르는 조건에 있다. 부적당한 조건이 붙은 연구비는 연구를 방해할 수 있으므로 낭비가 된다. 연구비를 계속 증액하면 연구가 잘 되리라고 오판하는 것을 막기 위해서, 무엇이 문제인가 자세하게 밝혀 논할 필요가 있다.

"공동문어문학과 민족어문학의 세계사"라는 제목의 저술을 하는 연구는 동아시아 한문문명권의 경우를 2백자 원고지 2,000장 분량의 책으로 써놓은 다음에, 다시 쓴 것이 그것과 비등한 분량이고, 지금 계속 앞으로 나아가고 있어서 책이 두 권 이상 되어야 할 것 같다.[5] 산스크리트문명권·아랍문명권·라틴어문명권의 경우를 모두 다루어야 하니, 간단한 일이 아니다. 이번에 유럽에 가서 유럽문명권의 경우를 자세하게 논할 수 있는 자료를 모아왔으므로 해야 할 일이 더 많아졌다.

국제비교문학회 학술회의에서 발표한 논문은 영문으로 쓴 "Historical Changes in the Translation from Chinese Literature, a Comparative Study of Korean, Japanese, and Vietnamese Cases" (중국문학 번역의 역사적 변천에 관한 한국·일본·월남 사례 비교연구)인데, 그것이 바로 성곡학술문화재단의 연구과제이다. 국문원고를 이미 2백자 원고지 600장 정도의 분량으로 써놓고, 그것을 영문원고 2,300단어의 분량으로 다시 써서 거기 가서 발표했다. 성곡학술문화재단에서는 연구비를 지급한 논문을 학회에서 발표하도록 하는 의무를 부과하는데, 그 의무를 국제비교문학회의 발표에서 이행했다.

---

5) 그 결과가 《중세문학의 재인식》에 포함되는 3부작 《하나이면서 여럿인 동아시아문학》, 《공동문어문학과 민족어문학》, 《문명권의 동질성과 이질성》(모두 서울 : 지식산업사, 1999)으로 출간되었다.

인문학문 분야의 전공자가 한 해에 위에서 든 것과 같은 연구비 두 건을 받은 것은 흔한 일이 아니다. 거기다가 지금 이 논문을 쓰는 연구비 800만 원을 한국학술진흥재단에서 받기까지 했다. 대단한 행운을 누리고 있다고 할 수 있다. 이렇게 많은 연구비를 받는 것이 나로서는 처음이고, 다른 사람의 경우에도 거의 없지 않을까 한다.

그렇다면 연구가 계획한 대로 잘 진행되고 있는가? 연구하는 시간이 부족하고, 자료를 펴놓고 작업을 할 공간이 마땅하지 않아 고생을 하고, 연구와 강의가 일치하지 않아서 어려움을 겪는 등의 주변의 사정에 대해서는 말하지 말고 연구의 내부 사정만 들어, 연구가 계획한 대로 잘 진행되고 있는가 하는 질문에 대답해보자.

연구가 계획한 대로 진행되지 않으니, 잘 되지 않는다고 해야 한다. 작업의 분량이나 성과가 계획을 초과하면서 계획과 달라진다. 분량이 초과하는 것은 줄이면 된다. 일단 줄인 것을 제출하고 나중에 출판할 때 더 보태면 된다. 연구의 내용이 달라지는 것은 그렇게 간단하게 해결할 수 없는 고민거리이다. 처음 계획한 연구는 버려두고 다른 것을 탐내다가 계획과 어긋나는 것은 아니다. 처음 계획한 연구를 진행하다가 새로운 광맥을 발견해서 옆길로 가고, 연구의 방향이 바뀌기까지 했다. 연구계획서에 써낸 연구의 결과만 보고하고 다른 것은 별도로 활용하면 된다고 할지 모르나, 잘라내기 어렵다. 잘라내면 연구의 질이 떨어지고, 의의가 줄어든다. 처음 예상한 수준에 이르지 못해서 그런 것이 아니다. 처음 예상한 수준을 훨씬 능가했다.

"공동문어문학과 민족어문학의 세계사"에 관한 연구가 책 두 권 이상의 분량으로 늘어나고 더욱 확대될 조짐이다. 연구계획서에는 포함되어 있지 않은 연구거리가 발견되어, 관심이 그쪽으로 기울어지는데, 그것도 한두 가지가 아니다. 공동문어문학의 등장을 논하다가 중세가 시작된 역사적인 전환을 밝히는 데 이르고, 그 작업이 분화되어 冊封체제의 비교, 금석문의 변천 등 문학연구의 범위를 넘어선 역사학의 작업을 하게 되었다.

문명권 전체의 천자가 각국의 국왕을 책봉하고, 국왕은 천자에게 朝貢을 하는 방식은 유독 한국만 받아들여 주체성을 손상했다고 하는 것은 사실이 아니고, 일본을 포함한 동아시의 모든 국가가 공유한 중세적인 질서관의 구현이며, 다른 여러 문명권에서도 기본적으로 동일한 형태로 구현되었다. 여러 문명권의 사례를 널리 모아 이에 대한 광범위한 비교연구를 해야 한국사에 관한 누적된 의문을 풀 수 있고, 한국사·동아시아·세계사를 통괄해서 이해하는 이론을 마련할 수 있고, 근대 다음 시대를 맞이하는 세계학문의 새로운 발전을 선도할 수 있다. 그 연구에 한동안 전념하고 싶은 생각이 간절하다.

"한국·일본·월남 중국문학 번역의 역사적 변천 비교연구"라는 연구과제는 그 결과를 2백자 원고지 250장의 분량의 논문을 내라 하고, 10퍼센트 내외에 분량을 가감할 수 있다고 했다. 그런데 지금 써놓은 분량이 600장 정도이다. 직접 관련되지 않는 내용은 줄이고 논문제목을 그대로 살리려고 해도 그렇게 되었다. 부분적으로 다루다가 만 문제가 많이 있어 작업이 계속 확대될 수 있다. 자료수집을 위해서, 이미 다녀온 일본·월남·중국 세 나라를 모두 다시 가야 하는데, 아직 그렇게 하지 못하고 있다.

위에서 든 두 연구는 연구결과를 학회지에 게재하라고 하는 요구가 없어 다행이다. 연구결과를 학회지에 게재하라고 하는 경우에는 분량 때문에 큰 고통을 겪는다. 학회지에서는 2백자 원고지 130장 정도를 넘는 논문은 싣지 않는 것이 예사인데, 내가 쓰는 논문은 흔히 그 몇 배가 넘는다. 그래서 언제나 고민이다.

연극미학의 비교연구에 관한 논문을 한국학술진흥재단의 연구비 500만 원을 받고 썼는데, 분량이 1,300장 정도 되었다. 그런데 학회지에 발표해야 하므로, 한국구비문학회의 학회지에 사정사정해서 250장 분량을 실었다. 그것은 연구결과를 일부 발췌한 것에 지나지 않고, 전문은 단행본으로 냈다.[6] 그 단행본은 연구비 지급처에 제출할 의무가 없어 제출하지 않았으므로, 연구결과로 등재되지 않았을 것이다.

연구비 사용도 계획대로 되지 않는다. 국제비교문학회 발표대회에 참가하는 여비는 위에서 든 두 가지 연구비 어느 쪽에도 포함되어 있지 않았으니, 연구비를 유용한 셈이다. 서울대학교에서 지급한 "공동문어문학과 민족어문학의 세계사"의 연구비는 사용내용을 보고할 필요가 없는 저술연구비여서 다행이지만, 성곡학술문화재단에서 지급한 "한국·일본·월남 중국문학 번역의 역사적 변천 비교연구"의 연구비는 사용내역을 원래의 계획에 맞추어 보고하려면 허위보고를 하지 않을 수 없다.

어느 연구비를 어디다 쓴다는 생각이 없고, 회계장부도 아예 만들지 않으니 계산이 맞을 수 없다. 위에서 유럽에 가서 쓴 비용을 백만 원이나 십만 원 단위로 적기만 한 것은 구체적인 액수는 기억이 없고, 기록을 남기지 않아 확인이 불가능하기 때문이다.

---

6) 그 책이 바로 《카타르시스·라사·신명풀이—연극·영화미학의 기본원리에 관한 生克論의 해명》이다.

금년에 받은 두 연구비는 나중에 연구비 사용 영수증에 관한 말이 없는 것으로 알고 안심하고 있지만, 영수증을 모두 보관했다가 제출하라고 하는 경우에는 죽을 곤욕을 치른다. 연구를 하는 것보다 연구결과를 제출할 때 첨부하는 서류를 작성하는 것이 훨씬 힘들다.

연구비 지급제도 개선

지금까지 연구비 사용에 관한 내 자신의 경험과 고민을 길게 말한 것은 연구비 지급제도를 개선하는 데 필요한 자료로 삼기 위해서이다. 다른 사람이 겪고 있는 바를 조사해서 밝히기 어려우며, 연구계획과 실제 연구 사이의 불일치에 관한 사항은 밝히려고 하지 않은 부분이다. 설문지에 따른 조사를 해서 통계를 내는 것과 같은 방법을 사용해서는 깊이 있는 논의를 할 수 있는 근거를 마련할 수 없다. 내 자신이 겪고 있는 일이 누구에게도 해당될 수 있다는 것을 가시적인 증거를 들어 입증할 수는 없으나, 연구작업의 근본이치는 서로 다르지 않다고 보고 논의를 확대하고 일반화하기로 한다.

지금의 제도는 연구계획서를 제출해서 심사를 받아 심사에 통과되면 연구비를 지급하고, 연구계획서에 쓴 대로 연구를 완결하고, 연구비도 계획한 대로 사용하라는 것이다. 연구계획서는 자세하게 구체적으로 써야 연구비를 받을 가능성이 크다. 심사위원들이 이해하지 못하거나 납득하지 못하면 소용이 없으니 기존연구에서 멀리 벗어나지 않아야 하고, 파격적인 구상을 하는 것은 금물이다. 연구계획서를 심사해서 연구비를 지급하는 제도는 심사위원을 잘 골라 아무리 공정하게 운영된다 해도, 폐쇄성과 보수성을 수반한다.

아직 연구경력이나 연구업적이 두드러지지 않은 연구초년생이 학문의 역사를 온통 바꾸어놓을 만한 착상을 얻어 작성한 연구계획서가 있다고 하면 그런 것은 채택될 가능성이 없다. 논증문이 아닌 설명문으로 이루어진 연구계획서에서 새롭게 독창적인 연구의 구상을 납득할 수 있게 제시하는 것은 가능하지 않다. 연구계획서를 그렇게 작성했다 하더라도 심사하는 사람들이 그 가치를 알아보는 것은 기대하기 어렵다. 심사위원 자신이 그 연구를 해보아야 과연 그렇다고 확신할 수 있는데, 그럴 사람도 없고, 그럴 겨를도 없음은 물론이다.

연구계획서가 심사에 통과해서 연구비를 받은 모든 연구는 하나 예외 없이 계획을 어기고 연구비를 유용한다. 그렇게 하지 않으려면 연구를 완결한 다음에 연구비를 신청하면 되고, 나도 그런 방법을 더러 썼는데, 그 경우에는 연구결과를 공연히 한 해 묵히는 폐단이 있다. 한 해 묵히고 있다가 다른 사람이 먼저 그런 연구를 해내면 큰 낭패를 보는 위험부담이 있다.

연구할 수 있는 능력 밖의 계획을 세웠다든가 연구를 제대로 하지 않아 계획을 어기는 것만은 아니다. 연구를 열심히 하는 경우에도 반드시 계획을 어긴다. 계획을 초과해서 어긴 것은 결과를 제출할 때 적당히 줄이고 잘라내면 되니 그리 문제되지 않는다고 할지 모르나, 계획에 맞추려고 하는 것 자체가 연구를 방해하는 고통이다.

연구를 열심히 하면 계획 이상의 결과를 얻을 수 있는 것은 아니다. 열심히 해도 결과가 나오지 않을 수도 있다. 이치를 잘못 알고 헛된 노력을 해서 그런 것만은 아니다. 작업을 실제로 해본 결과 있어야 할 자료가 없고, 논증을 한 데 당착이 생길 수 있다. 어떤 연구는 이루어지지 않는다는 것이 소중한 경험이고 지침일 수 있는데, 그런 노력은 전혀 평가되지 않는다. 그뿐만 아니라, 애써 작업을 한 결과가 파손되거나 유실될 수도 있다. 전혀 모르고 있는 동안에 다른 사람이 거의 같은 연구를 먼저 해서 발표할 수도 있다. 연구논문을 다 써놓고 연구비를 신청한 경우에는 위에서 이미 말한 바와 같이, 이런 일이 생길 수 있다.

연구의 진행이나 결과가 연구계획서와 일치하지 않아 차질이 생기는 것은 모든 학자가 하는 모든 연구에서 예외 없이, 필연적으로 있는 일이다. 그 때문에 누구나 고민하고, 차질을 감추기 위해서 애쓰는 비열한 짓을 한다. 연구계획서·중간보고서·결과보고서의 서식을 더욱 복잡하게 하고 작성방법을 더욱 까다롭게 해서 차질이 생기지 못하게 하고, 이미 생긴 차질은 감추지 못하게 해도 소용이 없다. 연구계획과 실제 연구 사이의 불일치를 막으려고 하는 모든 일이 연구를 방해하기만 한다.

연구를 계획대로 하지 않는 약점을 들어 학자를 문책해서 길들이는 데 목적을 둔다면 지금의 제도를 존속시킬 필요가 있다. 군사정권 시절에 교수를 다스리는 방법의 하나로 지금과 같은 연구비 지급제도를 만들지 않았던가 하는 의구심을 떨칠 수 없는데, 이제 상황이 달라졌으므로 생각을 바꾸어야 한다. 교수를 유인하고 매질하기 위해서 연구비를 사용할 의향이 없다면, 제도를 바꾸어야 한다. 연구를 방해하는 제도를 버리고 연구를 촉진하는 제도를 택해야 한다.

그러면 어떻게 해야 하는가? 연구비는 연구업적이 발표된 뒤에 사후에 지급해야 한다. 연구자가 스스로 계획을 세워 자발적인 동기에서 연구를 한 다음 그 결과가 출판되면 연구비 지급을 신청하자는 것이다. 자발적인 동기에서 독창적인 연구가 이루어질 수 있게 하기 위해서 방법을 바꾸어야 한다.[7] 연구계획이 아닌 결과를 제출하도록 해야 한다.

연구계획서 대신에 연구결과물을 제출해서 연구비를 신청하도록 하면, 행정적인 절차가 간소화되고, 불필요한 업무를 줄일 수 있는 이점도 있다. 계획과 결과가 어긋날 수 없고, 마감 기일을 지키지 않을 수도 없고, 연구비를 유용할 수도 없다. 그래서 신청서류와 절차가 간단해질 수 있다. 규제완화와 행정간소화에 크게 기여하는 방법이다.

연구비가 없어서 연구를 착수하지 못한다고 하는 경우 또는 연구진행에 특별히 많은 비용이 소요되는 경우에는 전도금을 받아가고, 연구결과가 출판되었을 때 연구지급 심사를 거쳐 정산하게 한다. 전도금을 받을 때에는 자세한 계획을 제출할 필요가 없게 한다. 정산을 해야 할 시한은 정하지 않는다. 정산을 하지 않고 다시 전도금을 받을 수는 없게 한다. 끝내 정산하지 못한 전도금은

---

7) 연구는 자발적 동기에서 이루어져야 독창적일 수 있다는 것은 증명이 필요하지 않은 자명한 명제이다. 그렇지만 과연 그렇다고 할 수 있는 객관적인 증거가 있는가, 그렇다고 하는 결과가 누구의 어떤 연구에서 증명되었는가 하고 따지고 들 사람이 있다. 그렇다면 Robert J. Sternberg ed., *The Nature of Creativity* (Cambridge : Cambridge University Press, 1988)를 들어 응답하고자 한다. 거기서 여러 사람이 수많은 문헌을 들고, 갖가지 방법을 동원해, 복잡하기 이를 데 없는 논증을 해서 얻은 공통된 결론이 역시 창의적인 연구는 자발적인 동기에서 이루어진다고 하는 것이다. 學術月報編輯委員會 編, 《研究と獨創性》(東京 : 日本學術振興會, 1991)이라는 것도 있는데, 일본 학계의 명사들이 동원되어 독창적인 연구에 관해서 전혀 독창적이지 않은 견해를 열거하면서 상식을 재확인했다. 독창성의 문제는 그 두 책에서 보이는 방식으로 다룰 수 없다고 판단해서 내 자신이 연구를 하면서 스스로 깨달은 바를 논거로 삼는다.

정년퇴임 때 반환하도록 하면 된다.

여기서 다른 나라의 경우를 잠시 살펴볼 필요가 있다. 아무리 좋은 일이라도 다른 나라의 전례가 없으면 하지 않으려는 풍조가 있어 개혁을 막는 우선 문제이기 때문이다. 다른 나라의 경우를 널리 살피면 우리가 택할 길이 어디 있는가 분명하게 판단할 수 있다. 세계 어느 나라든지 연구를 위해서 정부 예산을 쓰면서, 그 효율적인 방법을 찾고 있으며, 우리만 그렇게 하는 것은 아니다.

연구계획서를 심사해서 연구비를 지급하는 제도는 미국에서 만들어내고 또한 가장 많이 쓰고 있으며, 다른 나라에서도 다 그렇게 하는 것은 아니다. 미국에서는 국가 전체가 아닌 행정부의 어느 기관 또는 특정 목적을 가진 민간재단에서 연구비를 지급하면서 자기네가 뜻하는 연구를 하도록 하기 위해서 연구계획서를 내도록 하고 심사해서 채택한다. 그런 절차를 거쳐 연구비를 지급하는 기관이 아주 다양하기 때문에 연구자가 적합한 것을 고를 수 있다. 특정 목적을 가지고 연구비를 지급하는 기관이 아주 다양하고 많을 때에는 특정 목적 때문에 연구가 위축되지 않는다.

그런데 한국에서처럼 국가가 연구비를 지급하는 경우에는 그런 방식이 부적당하다. 국가는 특정 목적과 특정 내용의 연구를 골라서 지급하지 말아야 한다. 국가에서 지급하는 연구비는 자유롭고 창의적인 연구를 아무 제한 없이 지원해야 한다. 그런 줄 모르고 특정 목적과 내용을 요구하는 연구를 위해 연구비를 지급하는 방식을 채택하고 있는 것은 어리석은 일이다.

한국에도 연구비를 지급하는 민간재단이 더러 있는데, 대부분은 학문연구 자체를 제한 없이 지원한다고 하니 국가에서 하는 일을 보조할 따름이다. 특정 목적을 가진 재단이 특정의 연구를 지원하는 것은 권장할 일이고, 그 경우에는 연구계획서를 사전에 제출하게 하는 것이 합당하다. 그렇지 않은 국가기관, 민간재단, 그리고 대학이 계획서 심사방식으로 연구비를 지급하는 것은 학문연구를 지원하는 일반적인 목적을 특정한 연구를 하도록 유도하는 방법으로 달성하려고 하는 잘못이 있다. 미국에서 좋은 것은 한국을 위해서 더 좋다는 그릇된 사고방식을 버리고, 그 때문에 생긴 차질을 시정해야 나라가 바로설 수 있다.

기존의 제도에 길들여진 사람들은 연구계획서를 심사해서 연구비를 지급하는 방법이 아닌 다른 방법이 과연 있을 수 있는가 하는 의문을 가질 수 있으므로, 다른 방법을 채택하고 있는 외국의 사례를 들어야 논의를 계속할 수 있다. 그래서 프랑스와 일본의 본보기를 들기로 한다. 프랑스와 일본은 미국보다 작은 나라이고, 연구를 지원하는 일을 국가가 직접 한다. 그 두 가지 점에서 한국의 경우와 같아서 마땅히 참고로 해야 한다. 또한 그 두 나라는 내가 가서 교수 노릇을 하면서 직접 경험하고 관찰한 곳이다. 오랜 기간은 아니지만 학생이 아닌 교수가 되어 강의를 담당하면서 알게 된 사실은 좋은 자료가 된다.

프랑스에서는 인문사회학문 연구가 저서로 출판된 것을 소속 대학에 제출하면 심사해서 연구비를 사후에 지급하는 위에서 든 것과 동일한 제도를 채택하고 있다. 연구를 하기 전에 지급하는 연구비는 없다. 논문은 연구비 지급대상이 아니다. 내가 1989년 12월부터 1991년 2월까지 프랑스의 파리7대학에 가서 집중강의를 할 때, 그러한 사실을 현장에서 확인했다.

일본에서는 연구비를 대학예산에 넣어 전공 단위로 배정해서 쓰게 한다. 국립대학의 경우에는 연구비 예산이 전액 국고이다.

그 예산이 적다고 비판하는 소리가 높다. 일본대학의 실정을 비판적으로 본 신문의 기획기사에서 연구비 부족을 크게 나무랐다.[8] 그런데 그런 연구비 예산이 일본에는 있고 한국에는 없다. 일본의 교수는 연구계획서를 제출해서 연구비를 받지 않아도 연구비가 항시 확보되어 있어 하고자 하는 연구를 자유롭게 할 수 있다. 1994년 9월부터 1995년 7월까지 나는 일본 동경대학 객원교수가 되어 강의하고 연구하면서 그 제도에 대한 이해를 얻었다.[9]

프랑스의 제도와 일본의 제도 가운데 프랑스의 제도가 더욱 바람직하다고 판단한다. 일본의 제도는 연구가 항시 이루어질 수 있게 하는 이점이 있지만, 연구를 특별히 열심히 하게 하는 자극제가 되지 못한다. 교수가 재량껏 연구비를 사용하므로 조교수는 필요한 만큼 혜택을 보기 어렵다. 한국에 도입하면 교수들 사이에 분쟁이 일어날 소지가 있다. 공평하게 나누어 쓰면 연구비를 지급하는 효과를 얻기 어렵다. 프랑스의 제도는 연구해낸 단행본을 대

---

8) 신문에 연재한 기사를 모아 책으로 낸 産經新聞社社會部 編, 《大學を問う》(東京 : 新潮社, 1992)에서는 일본대학이 연구비 부족으로 황폐하게 되고 있다고 하면서, 박사과정이 없는 대학의 경우에는 연간 교수가 2,292,000엔, 조교수가 1,366,000엔의 연구비밖에 받지 못하는 곳도 있다고 대학의 이름을 들어 지적하고, 심지어는 교수 1인당 연구비가 1,500,000엔도 되지 못하는 곳도 있다고 하면서 대학 이름을 들지 않고 말했다(88면). 그래서 일본은 망한다고 개탄했는데, 한국의 대학에는 그런 연구비를 책정하는 제도 자체가 없다.

9) 내가 소속된 동경대학 문학부 문화교류연구시설 조선문화부문(통칭 조선문화연구실)의 경우에는 교수 정원이 4인(일본인 3인, 외국인 객원교수 1인)이고 실제 인원은 2인(1인은 일본인 교수이고, 1인은 외국인 객원연구원인 나)인데, 당해 연도에 배정된 연구비가 700만 엔(한화 약 6천만 원)이라고 했다. 그 예산을 책을 사고, 여비를 쓰고, 복사를 하고, 보조인력의 인건비를 쓰고 하는 등 교수 재량으로 사용했다. 나도 그 혜택을 입어 많은 복사를 했어도 복사비를 지불하거나 용지를 살 필요가 없었다. 학술여행의 여비는 대학에서 별도로 책정한 것이 있어서, 두 차례에 걸쳐 사용할 수 있었다. 그 두 가지 혜택은 내가 서울대학교에 재직하면서 누릴 수 없는 것이다.

상으로 심사해서 연구비를 지급하기 때문에 연구자들끼리 마찰
이 생길 수 없다.

한국도 프랑스와 같은 제도를 채택할 것을 제안하고, 구체적인
방안을 강구한다. 평가대상이 되는 연구업적은 이미 출간되어 있
는 단행본이고, 체계적인 내용을 갖춘 저서(또는 주해서나 역서)
여야 하며, 이미 발표한 논문이 부분적으로 포함될 수는 있으나
되어도 지면의 절반 이하여야 한다. 공저도 포함하지만, 일관된
주제와 유기적인 구성을 갖추지 않은 논문 모음은 제외한다.

연구비 지급대상을 논문으로 하지 않고 단행본으로 해야 하는
이유는 명백하다. 인문사회학문에서는 논문보다 저서가 더욱 중
요한 업적이다. 학회지에 발표되는 짧은 논문을 연구업적 평가에
서 으뜸으로 여기고 연구비 지급대상으로 하는 것은 자연학문에
서 통용되는 기준을 인문사회학문에 부당하게 적용했기 때문이
다. 인문사회학문에서는 학회지에 발표되는 짧은 논문은 본격적
인 저서를 집필하기 위한 부분적인 시험에 지나지 않는다. 학문의
역사를 바꾸어놓은 세계적인 석학의 업적은 모두 저서이다. 그런
석학의 업적목록은 저서와 서평으로 이루어져 있고, 논문은 별반
없다.

그런데도 한국에서는 논문만 대단하게 여기고 저서는 연구비
지급대상으로 삼지 않고 업적평가에서도 저서 한 권과 논문 한
편을 동일하게 취급해서 저서가 나오지 못하게 막는다. 저서라고
나온 것들을 보면 논문 모음이고 전작은 아니다. 근래 저술연구를
지원하는 곳이 있으나, 이미 연구되어 있는 성과를 정리하는 개설
서를 요구한다.[10] 학문 발전의 새로운 경지를 여는 독창적인 연구
를 심오하게 해서 일관된 체계를 갖추어 집필한 전작저서는 거의

없다시피 하다. 그 때문에 학문이 후진성을 벗어나지 못한다.

연구비는 학문의 발전을 가속화해서 세계 수준의 선진학문을 일으키도록 하는 데 목적을 두어야 한다. 어느 수준의 논문을 쓸 수 있는 사람이면 누구나 혜택을 받도록 하는 복지정책을 버리고, 최고 수준의 전작저서를 쓰는 소수의 뛰어난 학자를 집중해서 지원해서 그렇게 하는 작업이 가속화하고 확대되도록 유도해야 한다. 세계학문의 역사를 바꾸어놓는 명저를 내놓은 석학이 여럿 나올 수 있게 지원하고 격려하는 것이 국가에서 연구비를 지급해 얻을 수 있는 최상의 성과이다.

연구비 지급대상이 되는 업적을 단행본으로 하자는 데는 그런 이유만 있는 것은 아니다. 자료의 수집과 정리, 고전의 주해나 번역, 외국도서의 번역 등도 크게 권장해야 할 연구이다. 그런 기초적인 작업이 있어야 본격적인 연구를 할 수 있다. 창의적인 연구를 하기 어려운 외국학의 분야에서는 번역을 열심히 하는 것이 당장 할 수 있는 최상의 작업이다.

그런데 연구논문을 써야 연구비를 받을 수 있는 현재의 제도 때문에 논문이라고 하기 어려운 논문을 써서 지면을 낭비하기만 하고, 정작 힘써 해야 할 번역은 돌보지 않았다. 출판사에서 제공하는 인세나 원고료를 바라고 연구업적으로 인정되지 않는 번역을 하는 것은 교수가 할 일이 아니었다. 이제 그런 잘못을 바로잡아, 자료의 수집과 정리, 주석이나 번역을 연구업적으로 평가하

---

10) 대우학술재단에서는 대학원 수준의 교재가 되는 저서를 집필하는 것을 조건으로 한다. 그렇다면 전에 없던 연구를 해서 새로운 이론을 전개하는 모험을 하는 것은 요구조건 위반이다. 서울대학교에서 지급하는 저술연구비에는 그런 조건이 없으나, 독창적인 연구를 하기 힘들어 연구논문을 쓰기에 적합하지 않은 분야에도 연구비를 지급하기 위해서 저술연구비라는 것을 만들었다고 한다.

고, 연구비 지급대상에 포함해야 한다.

국내외의 고전에 관해 주해와 번역 등의 작업을, 자세한 해제와 주해한 성과가 크면 석사 또는 박사학위논문으로 인정하는 것도 당장 해야 할 일이다. 특히 외국문학 분야의 학위논문은 해제·번역·주해로 이루어지는 것을 표준형태로 삼을 만하다. 그런 작업에 원고료가 아닌 연구비를 지급해야 한다. 그런 작업 또한 단행본 단위로 이루어져야 하므로, 연구비 지급대상을 단행본으로 한다.

연구비 지급대상이 되는 단행본은 한국어로 쓴 것으로 한정해야 할 이유가 없다. 한국인 학자가 외국어로 쓴 책이나 한국의 책을 외국어로 번역한 업적도 당연해 포함되어야 한다. 단행본의 저자가 한국인이어야 할 이유도 없다. 외국인이 한국에 관해서 연구한 저서이거나 한국의 작품이나 도서를 번역한 책에다 연구비를 지급해야 한다. 그래서 한국학문이 세계에 널리 알려질 수 있도록 힘써야 한다.

연구비 신청과 선정 절차

연구자는 연구비 지급을 희망하는 단행본을 소속대학에 제출하는 것으로 연구비 신청에 필요한 절차를 완료한다. 소속대학에서는 제출된 업적을 한국학술진흥재단에 송부한다. 한 사람의 연구자가 한 해에 단행본 1건만 제출할 수 있는 것은 아니다. 저서를 여러 권 냈으면 모두 제출해서, 소정의 절차를 거쳐 심사에 통과되면 연구비를 여러 건 받을 수 있게 한다. 연구비를 연속해서 받을 수 없다는 조항을 두지 않음은 물론이다. 모든 절차에서 안

배는 철저하게 배제한다.

한국학술진흥재단에서는 평가위원선정위원회를 설치해서 운영한다. 평가위원선정위원은 일정한 임기 동안 일하게 하며, 소정의 수당을 지급한다. 평가위원선정위원회에서 평가위원을 선정할 때 한국학술진흥재단이 마련한 연구자 데이터베이스를 적극 활용하고, 실무자의 보조를 받는다. 평가위원선정위원회에서는 제출된 업적을 검토하고, 업적의 성격과 내용을 보아 적임자라고 판단되는 평가위원을 업적당 각 30인씩 선정한다. 선정위원은 자기 업적 평가위원 선정에 관여할 수 없다. 평가위원은 저술 내용의 다양성을 충분히 감당할 수 있게 분포되어야 하며, 출신대학, 소속대학, 연령층 등이 어느 한쪽에 치우치지 않아야 한다.

평가위원은 평가를 맡은 사실을 비밀로 해야 한다. 평가위원에게는 심사대상이 되는 단행본 구입비를 소정의 평가수당과 함께 평가 위촉시 지급한다. 그렇게 해서 자료를 송부하는 번거로움을 덜고, 연구비를 신청하는 당사자가 평가위원으로 예상하는 사람들에게 자기 업적을 보내야 하는 폐단이 생기지 않게 한다. 평가결과는 우편으로 회보한다. 평가위원선정위원이 평가결과를 개봉해서 검토하고, 부적절한 내용이나 납득할 수 없는 결과가 발견되면 재평가를 요구할 수 있게 한다.

모든 평가위원의 평가 결과를 평균해서 최종평점을 계산한다. 그 일을 평가위원선정위원회에서 한다. 평균치보다 지나치게 높거나 낮은 평점은 제외하고, 그런 평점을 한 사람은 평가위원 선임에서 제외할 수 있다. 최종평점을 평가위원들에게 알려주어, 각자의 평점과 비교할 수 있게 한다. 평가위원으로 선임되고 평가를 하지 않거나 불성실하고 부정확하게 한 사람은 연구비 신청 자격을 정지시킬 수 있게 한다.

평가위원을 30인씩으로 하는 이유는 두 가지이다. 평가를 공정하게 하자는 것이 첫째 이유이다. 평가대상이 되는 업적을 학계에서 많은 사람이 관심을 가지고 읽도록 하는 것이 또 하나의 이유이다. 평가할 항목은 다음과 같다.

(가) 지금까지 없던 새로운 학문 또는 연구분야를 개척했는가?

(나) 학문의 역사를 바꾸어 놓을 만한 새로운 방법론 또는 이론을 제시했는가?

(다) 연구자에게 널리 도움이 될 수 있는 새로운 자료, 고전, 외국서 등에 관해서 소개, 수집, 정리, 주해, 번역 등을 한 공적이 현저한가?

(라) 자료를 입수하고 이용하고 분석하는 데 많은 경비가 소요되었는가?

(마) 많은 노력과 시간이 소요되는 힘든 작업을 했는가?

(바) 한국의 문화와 학문을 외국에 알린 성과가 큰가?

각 항목에 대해서 다음과 같이 평점을 한다.

(A) 학계의 최고수준을 끌어올려 기대 이상의 성과를 이루었다 : 10점.

(B) 학계의 최고수준에 이르러, 기대하는 성과를 이루었다 : 6점.

(C) 학계의 최고수준에 근접해서, 기대하는 바에 다소 미치지 못하지만 그 나름대로 평가할 만한 성과를 이루었다 : 2점.

6점 이상이면 연구비를 지급한다. (가)에서 (바)까지의 어느 한 가지 조건이라도 만족스럽게 충족시켰으면 연구비 지급하는 것이 마땅하기 때문이다. 연구비 액수는 평가점수 1점당 100만 원, 최고 5000만 원에서 최저 600만 원으로 한다.

소속대학에도 동일액수의 지원금을 주어, 연구를 돕는 데 사용하도록 한다. 연구를 돕는 일은 도서관에서 도서를 구입하고, 연구를 위해서 강의시간 기타의 임무를 경감하고, 연구에 필요한 작업공간을 제공하고, 출판부에서 연구결과를 출판하는 등을 말한다. 이런 조건으로 대학에 지급하는 것은 연구진흥에 직접 보조금은 대학평가에 의한 차등지원의 최상방안이다.

연구비 지급액과 동일액수를 대학에 주기 위해서는 현재의 연구비 예산 외에 별도의 예산이 필요하다. 그러나 그것은 정부가 대학 지원에 사용하기로 한 예산을 새로운 방식으로 지급하는 것이기 때문에 별도의 재원이 있어야 하는 것은 아니다.

연구를 활성화하는 강의

지금의 제도는 강의와 연구를 분리시키고 있다. 교과과정을 고정시켜 놓고 해마다 같은 과목을 되풀이해서 개설한다. 교수는 자기 전공분야의 교과목을 계속해서 되풀이해서 담당한다. 담당하는 교과목에서 요구하는 고정된 내용을 구체화해서 강의하면서 자기 나름대로의 견해를 추가할 수는 있어도 교과목의 내용을 온통 바꿀 수는 없게 하고, 새로운 교과목을 임의로 개설할 수는 없게 하고 있다.

교과과정을 바꾸려면 학과 단위, 단과대학 단위, 대학 전체의 협의를 거쳐야 하는 복잡한 절차가 필요하다. 그 절차가 복잡하고, 합의를 도출하기 어려워, 수십 년 된 교과과정을 그대로 두는 것이 예사이다. 교과과정에 포함되어 있는 교과목은 서로 연관되어 있어서 그 가운데 일부만 바꿀 수는 없다. 다른 교수들도 담당할 수 있는 교과목만 개설할 수 있게 하고, 자기만 강의할 수 있는 새로운 교과목은 등장할 수 없게 막는 제도를 택하고 있다.

이렇게 하는 이유는 이미 연구되어 있는 기존의 지식을 전달하는 것을 강의의 임무로 삼기 때문이다. 기존의 지식이란 대부분 외국에서 연구한 것이다. 학문을 발전시키는 것은 선진 외국에서 할 일이고, 한국의 대학은 그 결과를 받아들여 이용하면 된다고 하는 생각에서 그런 제도를 마련했다. 강의 개설에 관한 교수의 자율성을 최대한 보장해서 그 방침에 차질이 생기지 않게 막고 있다.

고정되어 있는 교과내용을 교수 나름대로 구체화하고 자기 관점에서 가감하는 것은 교수가 언제나 해야 할 일로 되어 있다. 그렇게 하는 것은 창조자가 하는 일이 아니고 가공자가 하는 일이다. 교수가 기존 지식 특히 외국에서 수입한 지식의 가공자에 머무르고 새로운 지식, 새로운 학문의 창조자일 수 없게 하는 것이 지금의 제도이다.

위에서 한국의 대학은 외국에서 수입한 기존 지식의 전달자 노릇이나 하는 교수가 상투적이고 고식적인 강의를, 수준을 한껏 낮추어 하면서 세월을 보내는 탓에, 대학에서 학문 연구를 하지 못해, 우리 역사 발전의 지침이 되는 이론을 스스로 창조할 수 없는 상태에 머무르고 있다. 그래서 학문의 후진국에 머무르고 있다. 학문의 선진화를 막는 제도 때문에 대학이 제 구실을 하지 못한다. 경제는 선진화하고, 대외교역에서 경쟁력을 가져야 하고, 무엇이든지 일등이 아니면 살아남지 못하는 시대에 이르렀다면서, 학문은 앞으로 나가지 못하게 봉쇄하고 있다.[11]

강의에서는 기존 지식을 수입해서 전달하라고 요구하더라도 교수 개개인이 연구를 열심히 하면 한국의 학문이 선진화할 수 있다고 생각할지 모르나, 그것은 불가능하다. 기존 지식을 전달하는 교수의 본분을 수행하는 여가에 창의적인 연구를 사사로이 하라는 것은 무리한 요구이다. 그래서는 연구할 시간이 없다. 연구하고 있는 내용을 강의를 통해서 발표하고 검증하며, 학생들을 토론자나 공동연구자로 해서 함께 노력하지 않고서는 연구가 제대로 이루어지지 않는다. 연구와 강의의 일치가 연구를 발전시키고 강의의 수준을 향상하는 데 절대적으로 필요한 조건이다.

교수가 새롭게 연구하고 집필하는 내용의 강의를 임의로 개설할 수 있는 것이 유럽에서 확립된 전통이다. 그런데 대학교육이 대중화되고, 학생들이 취업을 위해 특정한 지식의 훈련을 다시 받아야 할 필요가 생겨 그런 전통이 많이 퇴색했으므로, 다시 살리는 방법을 별도로 강구할 필요가 있게 되었다. 대학의 등급을 나누어, 연구 중심, 대학원 교육 위주의 대학의 교수는 자기가 연구해서 강의하고, 등급이 낮은 대학의 교수는 남들이 이미 해놓은 연구를 전달하는 강의를 하도록 하는 새로운 관례가 미국에서 마련되었다. 교수만 있고 학생은 없어, 새로운 연구를 발표하는 공

---

11) 미국의 학자가 제3세계의 고등교육에 대해서 쓴 책으로 필립 알트바하, 김성재 역, 《제3세계의 고등교육》(서울 : 현대사상사, 1992)에서 제3세계 여러 나라는 선진국의 학문을 수입하기만 하고 학문의 창조자 노릇을 하지 못하는 이유가 다음과 같은 데 있다고 한 말에 깊이 유의해야 한다.
"대부분의 대학들은 최소한 교수들에게 얼마간의 연구 성과를 기대하지만, 제3세계 상황에서는 이러한 기대는 시간, 시설 혹은 하부구조의 부족 때문에 때때로 문제가 된다. 많은 제3세계 국가들에서는 교수 책임이 막중하기 때문에 연구할 시간이 거의 없다. 도서관 장서는 매우 제한되어 있어 최근의 새로운 지식을 접하기 어려우며, 과학분야에서는 실험 시설과 특히 현대적 장비가 부족하다. 총괄적으로 연구를 위한 조건이 부족하며, 따라서 제3세계 교수들의 학문적 성과가 낮은 것은 당연하다"(30면).

개강의를 누구든지 수강할 수 있게 해서 학문 발전을 가속화하는 것은 프랑스 방식의 보완책이다.[12]

강의와 연구를 일치시키는 전통이 없고, 그렇게 하는 데 필요한 보완책을 전혀 강구하지 않은 한국의 대학은 모두 삼류대학이다. 한국의 어느 대학은 신입생의 입학시험 성적이 다른 여러 대학보다 우수해서 일류대학이라고 하는 것은 전혀 부당한 말이다. 한국에서도 연구와 강의를 일치시키는 방안을 마련해야 하는 것은 선택의 여지가 없는 절대적인 과제이다.

한국에도 미국의 전례를 따라서 대학원대학을 별도로 두자는 주장이 있으나, 그럴 수 없다. 대학원대학이 되리라고 예상하는 몇몇 대학의 교수들은 연구와 강의를 일치시킬 만한 연구를 하고

---

12) 프랑스에는 '프랑스대학'(Collège de France)이라고 직역할 수 있는 대학에는 학생은 없고 교수만 있어, 누구든지 들을 수 있는 공개강의를 한다. '고등연구학원'(École des Hautes Études)이라고 직역할 수 있는 대학 두 곳의 교수들도 공개강의를 하면서, 박사논문 지도만 맡는다. 지금과 같이 대학이 평준화되기 전에, 소르본느(Sorbonne)대학을 가장 명문대학으로 여겼다. 그런데 프랑스 석학들이 소르본느대학에서 너무나도 오랜 기간 동안 귀양살이를 하다가 60세나 되어서 '프랑스대학'으로 옮겨갈 수 있었다고, 피에르 부르디외(Pierre Bourdieux)는 제목을 《學問人》이라고 번역할 수 있는 책 *Homo academicus*(Paris : Les Éditions de Minuit, 1984)에서 개탄하면서, 한 예로 레비-스트로스(Claude Lévi-Strauss)의 경우를 들어 '프랑스대학'이 학문 발전에 어떤 기여를 하는가 밝혀 논했다(142~143면). 레비-스트로스는 59세에 '프랑스대학'의 교수가 되었다. 그때부터 "나의 강의는 언제나 방청객을 모아놓고 피고의 진술을 하는 것이었다. 생각하고 있는 바를 잠정적인 것이든 틀린 것이든 형체를 갖추어 발표해야 되었으며, 그 뒤에 출판을 했다. 내가 쓴 모든 책은 구두발표를 거쳐 이루어졌다"고 스스로 술회한 말을 인용했다. 인류학이면서 철학사상인 레비-스트로스의 학문이 그래서 아무런 제약 없이 마음껏 뻗어날 수 있었다. 인도유러피안의 신화와 서사시에 관해서 방대하고 치밀한 연구를 한 듀메질(Georges Dumézil)의 업적 또한 '프랑스대학'에서 이루어질 수 있었다. 듀메질은 자기 저서마다 그 책에서 다룬 내용을 언제 어떻게 강의를 했는가 밝히는 서문을 써놓은 것이 끊임없는 부러움을 자아낸다. 연구발표의 공개강의와 연구저서에 사후에 연구비를 주는 두 가지 제도가 프랑스가 인문사회학문의 이론 개척에서 줄곧 선두에 설 수 있도록 한다.

있는가? 전혀 그렇지 않다. 대학원대학이 되어 교수 양성업을 독점하고 국내에는 경쟁자가 없어지면, 완전히 놀고먹을 것이다. 대학원대학의 부실화 때문에 외국유학의 필요성이 더 커질 것이다. 대학원대학을 지정하면서 교수를 일제히 이동시키는 것은 생각할 수도 없는 일이다. 또한 국내에서는 최상의 교수가 아무리 부지런히 노력해도 연구의 여건상, 학문의 특성상 연구와 강의를 일치시키지 못할 분야도 적지 않다.

미국의 방식보다는 프랑스의 방식이 더욱 적합하다. 연구발표의 공개강의를 하는 교수들만 있고 학생은 없는 학술원대학 같은 것을 별도로 만들 만하다. 그러나 그 절차가 복잡해서 쉽게 성사되지 못하고, 양로휴양소나 만들어 사회복지에나 기여하고 말 염려가 크다. 그러므로 현재의 여건을 그대로 두고 부분적인 개혁만 해서 효과는 극대화하는 방안을 마련한다.

그래서 새로운 제도를 창안할 것을 제안한다. 강의를, 지금 하고 있는 고정된 교과과정에 의한 통상적인 강의와, 교수가 재량껏 할 수 있는 연구특강으로 구성한다. 연구특강은 새로운 내용으로 진행하고 있는 연구를 발표하면서 토론하는 강의이다. 연구특강은 반드시 새로워야 하며 내용이 같은 것을 두 번 하지 않아야 한다. 연구특강의 결과는 저서로 출판하는 것이 원칙이고, 저서로 출판한 내용을 되풀이해서 강의하지 말아야 한다.

연구특강은 희망하는 교수가 한 학기에 한 과목만 개설할 수 있게 한다. 모든 교수가 일제히 연구특강을 하도록 요구하지 말아야 한다. 연구특강을 위해서 학과내의 다른 교수와 협의해 동의를 얻을 필요가 없게 한다. 어느 학과의 강의를 넘어서서 여러 학과의 영역에 걸쳐 있거나, 여러 학문을 통합하거나 새로운 학문을 개척하는 강의도 희망하는 대로 개설할 수 있게 한다.

연구특강의 제목, 성격, 내용 등을 명시한 강의계획을 제출해야 강의개설이 가능하게 하고, 그 내용을 널리 알려 수강자가 미리 알 수 있게 해야 한다. 연구특강은 대학원 수준의 강의여야 하지만, 학사과정의 학생도 수강할 수 있게 한다. 수강자는 학과의 제한을 두지 않아야 한다. 대학원을 마칠 때까지 어느 것이든 연구특강을 몇 개 이상 수강해야 한다고 요구하는 것이 바람직한 일이다.

연구특강은 공개강의로 해서 교내의 수강신청자가 아닌 어떤 외부의 사람도 자유롭게 수강할 수 있게 한다. 다른 대학의 대학원 학생은 수강신청해서 수강할 수 있게 한다. 대학원을 마칠 때까지 연구특강을 몇 개 수강해야 한다고 할 때 교내외의 것을 구분하지 말아야 한다. 그렇게 해서 전국 모든 대학에 걸쳐 있는 통합 대학원대학이 생기게 한다.

연구특강에 관한 정보를 교육부에서 일괄 정리해서 책자 발간, 전산화 등의 방법으로 널리 알린다. 그 업무를 학술원에서 담당하게 하는 것도 생각할 일이다. 연구특강을 하는 교수에게는 대학 또는 국가에서 일정액의 특별강의료를 지급해서 강의를 운영하고 내용을 충실하게 하는 데 사용하도록 한다. 교수의 소속대학에 지원금을 주어, 외부의 수강자들을 받아들이기 때문에 지출되는 비용에 충당하게 한다.

연구특강을 한 내용은 저서로 집필해서 연구비를 신청하는 것이 바람직하다. 연구특강을 언제 어떻게 했던가 저서 서두에서 명시하는 것을 관례로 삼는다.

연구도서 확보의 실현 가능한 방안

각 대학에서 부지런히 도서를 모으고, 그렇게 할 수 있게 정부에서 보조를 한다 해도, 연구를 할 수 있는 수준의 도서관을 만드는 것은 거의 불가능하다. 연구비를 지급하는 액수만큼 대학에 보조금을 주어 도서 확보에도 활용하게 하자는 것은 연구의 중요성을 일깨워주고, 특정 연구자를 위해서 필요한 어느 영역의 도서를 집중해서 모으는 데 도움이 되도록 하자는 말이다. 그 정도로 대학도서관이 정상화될 수 없다. 미국에서 하는 방식을 본떠서 도서 확보에서도 대학끼리 경쟁하라고 하는 것은 무책임한 처방이다.

국내의 대학도서관 가운데 장서가 가장 많다는 서울대학교의 경우에 장서 수가 150만 권 정도이다. 국내의 일등이 외국 선진국은 물론 중진국의 대학과 견주어보아도 최하위급이어서 경쟁이 불가능하다는 것은 널리 알려진 사실이다. 대학도서관을 강화하는 것은 기대하기 어려운 방안이다. 생각을 돌려야 한다. 그러기 위해서 미국이 아닌 다른 나라의 전례도 알아야 한다.

특정대학을 집중해서 육성하는 일본의 방식은 다른 대학의 교수는 연구하기 어렵게 한다. 동경대학의 도서는 학과별로 소장하고 있어, 동경대학 안에서도 이용이 원활하지 못하다. 우리는 대학도서관을 차등화하려고 하지 말고, 누구나 대등하게 이용할 수 있는 국립도서관을 육성하는 것이 마땅하다. 이용을 자유롭게 하면서도 무분별한 대중화를 피하고, 교수나 박사과정이 우선권을 가지게 해야 한다. 국립도서관을 동네 도서관과 혼동하지 말아야 한다.

프랑스의 대학도서관에는 연구를 위한 도서가 충분하지 못하
다. 파리7대학의 도서관은 장서가 빈약한 편이다. 그 전에 최고
명문대학 소르본느대학이었던 곳(지금은 파리3대학과 파리4대
학)의 도서관도 실제로 이용해보니 대단하다 할 것이 없었다. 여
러 가지 성격의 공공도서관이 많이 있어 각기 그 나름대로 긴요
한 구실을 하지만, 여러 분야의 장서를 구비한 것은 아니다. 반드
시 대학도서관에 책이 많아야 연구를 할 수 있는 것은 아니다.

프랑스에서는 대학도서관 대신에 국립도서관을 집중적으로 육
성해 연구를 위한 도서를 충실하게 모아놓는 방침을 택했다. 그러
면서 국립도서관 이용자격을 박사과정 학생 이상의 학자로 제한
했다. 나는 한국의 교수임을 증명하는 문서를 주불한국대사관에
서 받아가서야 비로소 이용할 수 있었다. 미테랑 대통령이 자기
이름을 후대에 남기는 도서관을 거대한 규모로 신축하도록 해서
국립도서관을 이전한 다음에는 이용자격 제한을 풀었으나, 국립
도서관이 연구에 필요한 모든 자료를 구비해 학문연구를 위해 제
공하는 도서관인 점은 변함이 없다.

연구하는 데 필요한 도서를 국립도서관에 집중해서 모아야 한
다. 그래야 국가 예산을 효율적으로 사용하고, 그 혜택을 고루 누
릴 수 있다. 연간 500억 원 정도의 예산을 책정해 도서를 100만
권씩 사 모으면 문제를 어느 정도 해결할 수 있는데, 지금 그 정도
의 돈이 없어 고민인 것은 아니다. 없어질 위기에 놓인 고서를 모
으는 것도 거기서 힘써 해야 할 일이다. 정년퇴임하는 교수들의
장서도 최대한 받아들여야 한다. 그 밖에도 할 일이 많으나, 여기
서 다 열거하지 않기로 한다.

국립도서관을 그렇게 만드는 과업이 이루어지지 않거나 너무

지연되는 경우를 생각해서 차선책도 제시한다. 학술잡지만 따로 떼어내서 모을 수 있다. 세계 각처에서 모아들인 학술잡지 수록논문을 전산망으로 전국 각 대학에 제공하고, 필요한 논문을 컴퓨터 화면에 불러내어 열람하고 복사해서 이용할 수 있게 하면, 학문을 살리는 데 결정적인 도움이 된다. 그렇게 하면 외국 학술잡지를 누구나 쉽게 이용하면서, 각 대학 도서관에서는 중복해서 구독할 필요가 없어, 예산 절감이 크게 된다. 전국 모든 대학에 거액의 보조금을 준 것과 같은 효과가 있다.

지금 전산망 특히 인터넷을 통해서 이루어지는 도서구입이나 학술정보 전달이 미국 것에 치중되고 있어 커다란 폐단을 자아낸다. 그런 잘못을 바로잡기 위해서 우리는 자료를 얻는 원천을 최대한 다원화해야 한다. 우리가 해독할 수 있는 최대한 범위, 국내의 외국어대학에 설치되어 있는 모든 언어, 모든 나라의 도서와 잡지를 모아야 한다. 그것을 해독하고 이용하는 데 그 모든 언어의 전공자들을 적극 활용해야 한다.

지금 내가 하고 있는 연구를 만족스럽게 진행하기 위해서는 월남의 역사, 티베트의 서사시, 페르시아의 종교시, 비잔틴의 聖者傳, 동아프리카 스와힐리어의 소설 등에 관해서 그 나라에서 연구한 최근의 성과가 절실하게 필요하다. 그런 책과 논문이 국내 도서관에 구비되어 있고, 각 언어 전문가의 도움을 받을 수 있는 제도가 마련되어 있으면 얼마나 좋을까 상상해본다.

다원화된 학술정보를 교환하기 위한 협정을, 미국의 정보 독점 때문에 피해를 겪고 있는 세계 여러 나라와 맺을 필요가 있다. 자기 나라의 것은 자기 나라에서 모으거나 입력해서 서로 교환하는 방식을 택하면 피차 유리하다. 세계가 진정으로 하나가 될 수 있는 방안을 적극 찾아 실행하는 데 앞서야 한다.

국제학술회의에 관한 시정 사항

국제학술회의를 자주 여는 것이 오늘날 한국의 자랑거리일 수 있다. 그런데 평가할 만한 내용이 없는 허장성세에 지나지 않는 것이 대부분이다. 지금 여러 연구기관에서 다투어 열고 있는 국제학술회의가 어째서 잘못되고 있는가 밝혀 논해야 한다. 그래서 다음과 같은 분석이 필요하다.

국제학술회의가 허망하게 되는 가장 중요한 이유는, 내거는 주제가 막연하고 학문연구상의 쟁점이 없어, 알찬 발표를 하기 어렵게 하는 데 있다. 새로운 연구가 진행되는 것과 관계없이, 무척 낡은 생각으로 상식 수준의 기획을 한다. 그 때문에 들인 돈이 많고 행사 규모가 클수록 청중의 수는 줄어드는 결과를 보여준다. 학자들은 시간 낭비라고 생각해서 오지 않고, 일반 청중은 학술행사이니 범접하지 않는다. 발표문을 모아서 단행본으로 출판해도 관심을 끌지 못한다.

또한 준비기간이 너무 촉박해서, 발표논문을 제대로 준비할 겨를이 없다. 연구비를 지급해서 일 년 동안 연구하게 하는 것과는 별도로, 한두 달 만에 발표논문을 써내라고 한다. 발표논문 집필에는 소액의 원고료만 지급한다. 새로운 연구를 하지 말고 이미 있는 밑천을 재탕하라는 요구이다.

유사한 행사가 너무 많아, 외국의 한국학자들은 한 해에 몇 번씩 불리어 온다. 몇 사람 되지 않는 외국의 한국학자들이 거듭되는 행사에서 비슷한 발표를 계속해서 하게 한다. 그 상대역이 되는 국내의 학자들도 여러 행사에 겹치기로 출연하게 한다. 그래서 양쪽 다 연구할 시간이 없게 한다. 한국학 밖의 분야에서는, 학문 연구의 일선에서 물러나 있어 이름은 높으나 실속은 없는 학자들을 석학이라고 여겨 초빙한다. 너무 많은 곳에 불리어 다니느라고 기력이 소진되고, 할 말이 없게 되었을 때 한국에서도 부른다. 그러면 관광여행이나 하는 기분으로 온다. 새로운 연구를 세차게 하는 사람들은 누군지 몰라서 부르지 못한다.

국제학술회의는 한국학문의 연구성과가 세계적인 비교연구를 거쳐 세계의 이론으로 정립될 수 있는 단계에 이르렀을 때 개최해야 한다. 그런 분야에서 그런 주제로 대회를 조직해서, 국내의 연구성과를 밖으로 알리면서, 공동연구나 비교연구를 할 수 있는 준비와 능력을 갖춘 외국의 학자들을 불러서 함께 작업을 하게 한다. 많은 시간 여유를 가지고 사전에 충실한 계획을 하고, 충분한 준비를 해야 한다. 국내 학자들끼리는 사전에 예비모임을 가지고, 예비발표를 해야 한다. 그런 조건이 갖추어지면 국제학술회의를 실제로 개최하는 데 필요한 경비를 충분히 지원하는 것이 타당하다.

거대한 장소에서 많은 청중을 모아 성대하게 벌이는 행사보다는 참가자들끼리 오붓한 자리에서 장시간에 걸쳐 발표하고 토론하는 방식이 효과적이다. 학술회의를 한 성과는 반드시 출판되어야 한다. 한국어판과 외국어판이 동시에 출판되는 것이 바람직하다. 학술회의를 한 성과가 일반에게 널리 알려지는 것은 출판을 통해서 가능하다. 출판된 책이 연구비 지급을 위한 업적평가에서 최상의 평가를 받을 수 있는 것이어야 한다. 그렇지 못하다면 국제학술회의를 위해 지출한 모든 예산은 낭비한 것이다.

외국에서 개최되는 한국학이 아닌 다른 일반적인 학문 분야의
국제학술회의에 참가해서 논문을 발표하고 토론하며 여러 나라
학자들과 교류하는 것은 아주 긴요한 일이므로 적극 지원해야 한
다. 국제학술회의에 참가하는 데 필요한 경비를 지원하는 것이 바
람직하다. 그런데 이 경우에도 사전 지급보다도 사후 지급이 더욱
효과적이 방법이다. 국제학술회의가 끝나면 발표된 논문 가운데
좋은 것만 골라서 책을 낸다. 책이 나왔을 때 책에 실린 논문을
제출해서 대회참가비에 해당하는 비용이 포함된 연구비를 받게
하는 것이 좋은 방안이다.

위에서는 단행본에 한해서 연구비를 지급하자고 했는데, 국제
학술회의 논문집을 포함한 국제적인 논문집에 실린 논문은 연구
비 지급대상으로 할 필요가 있다. 그런데 논문만 보내서 실린 것
보다 학술회의에 참가하고 논문이 실린 것에 더 많은 연구비를
지급해야 한다. 경비가 많이 들었을 뿐만 아니라, 한국의 학문을
밖에 알리는 데 더 많이 기여했기 때문이다.

그런데 국제학술회의 참가자 가운데 관광여행을 사실상의 목
적으로 하고 수준 미달의 논문을 발표해서 실망스럽게 하고, 회의
장에는 잠시 들렸다가 자취를 감추는 사람들이 적지 않아 문제이
다. 적극적으로 참여하고자 해도, 그 회의에서 사용하는 외국어에
능해서 말할 줄 아는 사람은 할 말이 없고, 할 말이 있는 사람은
말을 하지 못해서 양쪽 다 기여하는 바가 적을 수밖에 없다.

내 자신이 관여하고 참여한 국제비교문학회의 발표대회가 그
좋은 본보기이다.[13] 거기서 사용하는 공용어는 영어와 불어이므

---

13) 국제학술회의에 참석한 경험을 근거로 해서 한국에서 국제학술회의를 개최하

로 그 두 말 가운데 하나로 발표해야 하고, 토론을 하기 위해서는 그 두 말을 다 알아야 한다. 그런데 한국의 영문학과나 불문학과 교수는 그 가운데 한 말로 발표는 하지만 할 말이 별로 없다. 국문학과 교수는 할 말이 있어도 말을 하지 못해서 곤란을 겪는다. 양쪽의 능력을 겸비하고, 자기 스스로 연구한 한국학문의 진수를 세계화하는 학자들이 나와야 한다. 학문의 경계를 넘어서서, 국학과 양학을 함께 하는 학자들이 나와 한국의 학문을 세계의 학문으로 발전시키기 위해서 적극 노력해야 한다.

국제비교문학회의 발표대회에서 내 자신은 그렇게 하려고 노력했다. 스스로 영어로 쓴 논문을 영어로 발표하고, 토론에서는 영어와 불어를 함께 구사했으며, 개별 발표를 예정대로 한 것 외에 종합토론에서 발제자 노릇을 하고, 토론을 마무리하는 말을 맡아서 하기까지 했다. 국문학과 교수인 내가 그럴 수 있는 이유는 근래 한국문학사의 전개를 다른 여러 나라 문학과 비교해서 고찰하면서 세계문학사 서술의 이론을 정립하는 작업을 계속해서 해오고 있기 때문이다.

그보다 먼저 학생 시절에 불문학과를 먼저 졸업하고 국문학과에 편입해서 다시 공부한 밑천이 있기 때문이다. 불문학과 시절에 영문학과 독문학도 함께 공부하려고 애쓴 것이 계속 도움이 된다. 국문학을 전공한 뒤에 어려서 조금 배운 한문을 부지런히 공부하고, 중국어와 일본어도 익혔다. 그러나 산스크리트어나 아랍어 같은 동아시아나, 유럽이 아닌 다른 문명권의 언어는 공부하지 못한 것은 세계적인 범위의 학문을 제대로 하기 어렵게 하는 결격사유

는 방법을 개선하는 방책에 관해 생각한 바를 다음 글에서 자세하게 논의한다.

이다.

대학의 편제를 고쳐 여러 분야를 함께 공부하고, 국학과 양학을 합칠 수 있는 인재가 양성되도록 해야 한국학문의 세계화가 촉진된다. 여러 분야에 걸친 심오한 연구를 해서 국제적으로 활동하는 학자가 다수 배출될 수 있게 대학을 개혁해야 한다. 어느 한 나라에 유학해서 그 나라 학문만 하지 말고, 한국에서 학위과정을 이수하고 한국의 학문을 하면서 여러 나라에 한두 해씩 가서 머무르면서 필요한 훈련을 하고 자료를 얻는 방식을 택해야 세계적인 학자로 성장할 수 있다.

한국학문의 세계화 촉진 방안

한국학문이 국제적으로 진출해서 세계의 학문으로 인정되고 세계학문의 발전에 적극 기여하기 위해서는 국내의 업적이 외국어로 출판되어야 한다. 국내의 학자가 책을 직접 외국어로 쓰는 것이 바람직하고, 그런 업적은 위에서 이미 밝힌 바와 같이 연구비 지급 대상으로 해야 한다. 이 경우에는 새로운 연구를 개척하지 않고 이미 연구한 성과를 정리해서 소개했어도 그 노고를 치하해서 연구비를 지급하는 것이 마땅하다. 다른 연구업적에 관한 연구비를 지급할 때 연구비와 동일한 액수를 연구자가 소속하고 있는 대학에 지급한다고 했는데, 외국어로 출판한 책의 경우에는 연구비와 동일한 액수를, 그 책을 출판한 국내외의 출판사에도 또한 지급할 필요가 있다.

나는 *Korean Literature in Cultural Context and Comparative Perspective*라는 영문저서를 1997년에 냈다. 제목을 번역하

자면 "문화적 상황과 비교연구의 전망에서 본 한국문학"이라고 할 수 있는 입문서이며, 한국문학의 전반적인 문제를 내 학문의 관점에서 다룬 내용이다. 외국에서 한국문학을 공부하기 위해서 적절한 안내서가 있어야 한다는 거듭된 요청이 있어, 책을 쓰고 내는 수고를 아끼지 말아야 했다.

절반 정도는 내가 영어로 쓰고 절반 정도는 여러 사람이 번역한 글을 고치고 다듬어서 냈으며, 자진해서 봉사하는 미국인 신진학자가 있어서 일을 할 수 있었다. 그런데 한국어 저서를 낼 때보다 힘은 더 들면서 업적으로 인정되는 보람은 적다. 이런 작업은 연구비 지급대상에서 제외되어 있다. 잘 팔리지 않을 책이어서 인세를 책으로 받아 외국에 많이 기증했다. 국제비교문학회 발표대회에 참가할 때 가지고 가서 여러 나라 사람에게 기증했다.

서울에 있는 집문당에서 출판을 맡았는데, 출판사에서도 수고만 많이 하고, 수지타산에서는 완전히 적자이다. 판매는 적고 기증이 많다. 그런데 출판사가 수고하고 손해를 보는 데 대한 보상은 없다. 그러므로 저자에게도, 출판사에게도 수고를 보상하는 제도가 마련되어야, 이런 일을 할 사람들이 계속해서 나올 수 있다.

한국의 학자가 외국어로 책을 쓰는 것은 앞으로 힘써 해야 할 일이다. 이미 내놓은 책은 번역을 해야 하고, 앞으로도 번역해야 할 책이 더 많을 것이다. 외국어 책을 한국어로 번역하는 데 힘쓰던 시대에서 한국어 책을 외국어로 번역하는 것을 새로운 과제로 삼아야 할 시대로 전환해야 한다. 그렇게 하는 데 필요한 근본적이고 장기적인 대책을 마련해야 한다.

번역을 하기 위해서는 번역할 사람이 있어야 한다. 외국어 책을 한국어로 번역하는 일은 한국인이 외국어를 공부해시 하면 되었다. 그러나 한국어 책을 외국어로 번역하는 일은 한국어를 익히고 한국학을 전공한 외국인이라야 잘할 수 있다. 번역은 번역되는 말이 모국어인 사람이라야 잘할 수 있다는 것이 변함없는 원칙이다. 또한 한국어로 번역한 책은 한국에서 팔아야 하지만, 외국어로 번역한 책은 외국에 내놓을 것이니 그 나라 사람이 번역을 맡아야 한다.

그런데 외국인이 한국어 책을 번역하도록 하는 방법이 문제이다. 번역할 책을 정해놓고 번역할 외국인을 찾아 소정의 보수를 주고 일을 맡기는, 지금까지 해온 방식은 잘못되었다. 외국인이 스스로 판단해서 자발적으로 번역해야 번역이 잘 되고, 번역서가 제대로 유통된다. 외국인이 자기 나라에서 소용되고, 환영받을 것을 찾아내서 번역해야 번역하는 보람이 있다. 그렇게 해야 수출품으로 만든 물건이 국내 창고에 쌓여 있거나 밖에 나가 온갖 천대를 받는 것과 같은 불행을 피하고, 수출이 실제로 성과 있게 이루어진다.

일이 그렇게 되도록 하기 위해서는 한국학을 하는 외국인을 양성하는 데 돈을 써야 한다. 한국에 와서 유학을 하도록 장학금을 주어 권유하고, 오면 제대로 가르쳐야 한다. 실력이 평가된 논문을 내서 한국학의 박사가 되면 대학교수가 되지 않아도 한국학의 번역과 연구를 하면서 살아갈 수 있게 계속 지원을 해주는 것이 바람직하다.

구체적인 방안을 제시하면, 한국에 와서 한국학의 박사가 된 외국인은 국제한국학연구원이라고 할 기관에 소속된 연구원이 되어, 생활비와 연구비를 받으면서 한국학연구에 평생토록 종사할 수 있게 한다. 자기 나라에 가서 활동하는 것을 원칙으로 하고,

일 년에 한 번쯤 협의회에 참석해 활동보고를 하기 위해서 한국에 오도록 한다. 그런 협의회를 국제학술회라고 떠벌리지 말아야 한다.

외국인 연구자가 받는 생활비는 고정급으로 하고, 연구비는 번역하고 연구한 성과를 평가해서 액수를 책정하는 방식을 택한다. 대학이나 다른 연구기관에 취직을 하게 되면, 생활비는 제외하고 연구비만 계속해서 같은 방식으로 지급한다. 외국학자가 한국에 관해서 연구한 성과는 저서이든 역서이든 국내 학자의 연구물과 동일한 자격으로 연구비 지급을 신청할 수 있게 하는 것이 바람직한 방안이다.

학문활동을 계속해서 자기네 나라 학계에서 인정을 받으면서, 스스로 선택해서 번역을 하도록 해야 한다. 한국에서 선정한 책을 일정액의 원고료를 받고 번역하게 하는 방식은 택하지 말아야 한다. 학자를 하청업자로 격하시키지 말아야 한다. 외국인의 한국학 연구는 스스로 계획해서 하는 자발적인 활동일 때 성과와 보람이 크다. 그렇게 할 수 있게 지원하는 방안을 강구해야 예산이 낭비되지 않고, 기대 이상의 효과를 거둘 수 있다.

외국의 한국학자가 스스로 선택해서 번역해내서 그 나라 학계에서 크게 평가를 얻을 수 있는 한국어 원본의 저작을 하는 것이 국내에서 힘써 해야 할 일이다. 작가는 작품을, 학자는 연구서를, 우리 문화의 역량을 최대한 발휘하면서 세계 최고 수준의 창조물이 되게 내놓아야 한다. 그래야만 수출할 물건이 있다. 인류를 위해서 크게 기여하는 물건이라야 당당하게 수출할 수 있고, 수출이 지속적으로 이루어진다.

마무리

이상에서 고찰한 내용 가운데 가장 긴요한 것을 간명하게 정리해, 정책을 수립하는 데 바로 이용할 수 있게 하고자 한다. 그렇게 해야 할 자세한 이유와 제도 개선의 구체적인 방안은 본문에 있으므로 되풀이하지 않는다.

(가) 연구비 지급제도를 개선한다.
   (가1) 연구비는 연구계획이 아닌 연구결과를 심사해서 사후에 지급한다.
   (가2) 연구비를 지급하는 인문사회학분야의 연구결과는 전작저서로 한다.
   (가3) 연구결과를 평가하는 인원을 다수로 한다.
   (가4) 연구자에게 지급하는 연구비와 같은 액수의 보조금을 연구자의 소속대학에도 지급해서, 연구지원에 사용하게 한다.
(나) 연구를 활성화하는 강의를 한다.
   (나1) 고정된 교과과정에 의한 통상적인 강의와는 별도로, 새롭게 연구하고 있는 내용을 발표하고 토론하는 연구특강을 희망하는 교수가 임의로 개설할 수 있도록 한다.
   (나2) 연구특강은 공개강의로 하고, 전국의 대학원생들이 자기 대학의 범위를 넘어서서 수강할 수 있게 한다.
(다) 연구도서를 확보한다.

(다1) 연구에 필요한 도서를 국립도서관 같이 한곳의 도서
관에 집중해서 모아 모자람이 없도록 한다.

(다2) 그 일이 이루어지는 것을 기다리지 않고 학술잡지의
공동구입과 공동이용을 먼저 추진한다.

(라) 국제학술회의 개최와 참여 방식을 개선한다.

(라1) 한국이 주최해서 개최하는 국제학술회의를, 최고 수
준에 이른 한국학문을 세계화하는 실질적인 성과를
거두고 그 결과를 출판한 책이 최고의 연구업적이 되
도록, 조직하고 운영한다.

(라2) 한국인 학자가 외국에서 주최한 국제학술회의에 참
가할 때에도 그런 성과를 거두도록 한다.

(마) 한국학문 번역을 효과적으로 지원한다.

(마1) 한국학문의 세계화에 종사하는 외국인 학자에게 생
활비를 주어서 항시 활동하게 하고, 업적에 따라 추가
지원을 한다.

(마2) 외국인이 한국에 관해 연구한 업적이나 한국의 도서
를 번역한 업적도 위의 (가)항의 연구비 지급 대상에
포함한다.

이상과 같은 결론은 학문정책을 바로잡기 위한 구체적인 처방
이다.[14] 이 처방의 효력을 보장하고, 실현을 촉구하기 위해서 학문
정책이 무엇인가 하는 문제에 대한 의견을 첨부할 필요가 있다.

---

14) 그러나 강의하는 부담이 없는 연구교수가 연구소에 소속되어 연구에 전념할
수 있게 해야 하는 새로운 제도 시행에 관해서는 여기서 다 말하지 않고, 이 책
의 마지막에 수록하는 〈학문을 죽이는 정책과 살리는 정책〉에서 논한다.

학자가 학문정책을 수립하고 집행하는 데 직접 관여하는 것은 학문을 할 수 있는 시간을 낭비하는 배신행위이다. 학문정책은 그 일에 진력하는 사람이 담당해야 한다. 그런데 학문정책을 어떻게 하면 학문을 하는 데 도움이 되는가는 가장 바람직한 방식의 학문을 실제로 해서 성과를 내놓는 학자에게 문의해서 판단해야 한다. 그 점을 망각하면 학문정책의 목표가 잘못 설정된다. 학문정책은 학문이나 학자를 통제하기 위한 수단이 아니니, 고답적인 자세는 버려야 한다. 학문정책은 학자 다수를 위한 복지정책이 아니니, 여론조사 방식은 버려야 한다.

학문정책은 오직 학문이 바람직하게 발전하는 데 도움을 주는 정책이어야 한다. 무엇이 바람직한가 그릇 판단하면, 학문정책 때문에 학문이 침해될 수 있다. 학문을 위한 예산을 증액하는 것만큼 학문이 왜곡될 수 있다. 새로운 연구 개척의 선두에 선 학자가 학문정책과 싸워야 하는 부담을 안기는 것은 학문정책이 그릇되고 있는 가장 구체적인 증거이다.

국제학술회의를 통한 세계 진출[1]

머리말

한국문화를 널리 알리고, 한국학을 세계화하는 데 국제학술회의가 긴요한 구실을 한다. 국제학술회의를 국내에서 개최하고, 해외에 열리는 국제학술회의에 참가해서 발표하는 데 힘써야 하는 줄 알아 많은 사람이 노력하고 있다. 그러나 노력하는 보람이 있게 행사를 개최하고, 논문을 발표하고, 연구를 진행하고 있는지 의문이다. 문제점이 있으면 찾아서 검토하고, 시정방안을 제시할 필요가 있다.

한국 학자가 참여하는 국제학술회의는 너무 많아 실태 파악이 어렵다. 국내에서 개최하거나 한국에서 지원해 해외에서 열리는 한국학국제학술회의 실태와 성과를 점검하기만 해도 많은 작업이 필요하므로, 연구계획을 만들어 연구비를 지원해야 한다. 한국

---

1) 이 글은 문화관광부에서 예산을 지원해 한국문학을 세계에 소개하는 방안에 관해 논의하는 모임에서 발표했다.

학술진흥재단 같은 데서 연구비를 마련해, 어느 대학 연구소에 그 일을 맡기기를 권고한다. 해외에서 개최되는 학술회의에 국내의 학자가 참가해서 한국학과 관련된 논문을 발표하는 활동은 여러 분야에서 아주 다양하게 이루어지고 있어서, 그 일부에 여비 보조금이 지급되기는 하지만, 정리해서 논하는 데 필요한 자료를 얻을 수 있을까 의문이다.

그런 난관이 있어도, 국제학술회의를 통해 한국학이 세계로 진출하는 양상을 총괄해서 점검해 무엇이 문제인가 검토하고, 효율적으로 지원하는 방안을 찾아야 한다. 이 글에서 그 임무를 감당하겠다고 하는 것은 아니다. 지금 내가 할 수 있는 일은 문제를 제기해 관심을 끌고, 검토의 항목과 방향을 찾아내서 본격적인 연구를 위한 준비작업을 위해 도움을 주며, 대단위 연구과제 설정을 위한 참고자료를 제공하자는 것만이다.

여기서 이용하는 자료는 내 자신의 경험뿐이다. 나는 국내외의 국제학술회의에 참가해서 논문을 발표하는 일을 많이 하는 편이다. 그 전의 것들은 제외하고, 지난 3년 남짓한 기간 동안에만 해도 그 횟수가 10회에 이른다. 회의꾼이라고 할 수 있을 정도이다. 그러나 놀러 다닌 것은 아니고, 10회 모두 각기 다른 논문을 발표했다. 내 논문, 진행된 발표, 회의의 성격 등에 관해서 하고 싶은 말이 많으나 되도록이면 줄이고, 국제학술회의를 통해 세계에 진출하는 한국학 지원 방안 수립을 위해 긴요한 사항만 집중해서 거론하기로 한다.

자료 제시

논의의 자료가 되는 10회의 경험은 다음과 같다. 논문 제목으로 사용한 언어를 나타낸다.

(1) 아랍세계의 비교문학(Comparative Literature in the Arab World, 1995년 12월 20~22일, 이집트 카이로대학)에서 "Toward a New Theory of the Periodization of World Literary History" 발표. (여비 200만 원 대산재단에서 지원)

(2) 제3회 환태평양한국학학술회의(1996년 7월 2~5일, 오스트레일리아 시드니대학)에서 "The Shaman Epics of the Korean and the Neighbouring Peoples : 한국과 인접민족의 무속서사시" 발표. (여비 반액 및 체재비는 주최측을 통해서 한국학술진흥재단에서 지급)

(3) 제1회 한국학국제학술회의(1996년 11월 3~5일, 한국 안동대학)에서 "국학이론의 발전과 세계학문" 발표. (여비 및 발표비 200만 원 주최측에서 지급)

(4) 한국학학술회의(1996년 11월 15일, 카자흐스탄 카자흐스탄국립대학)에서 "한국문학의 특질" 발표.(러시아어로 통역) (여비 및 체재비 주최측에서 부담)

(5) 제1회 동아시아비교문학 국제학술회의(1997년 6월 20~21일, 서울 국민대학)에서 "동아시아 학계의 서사시 인식" 발표. (무료 봉사)

(6) 제15차 국제비교문학학술회의(15th Congress of the International Comparative Literature Association, 1997년 8월 16~22

일, 네덜란드 레이덴대학)에서 "Historical Changes in the Trans-
lation from Chinese Literature : a Comparative Study of Kore-
an, Japanese and Vietnamese Cases" 발표, 종합토론 발제. (여비
보조 100만 원 서울대학에서 지급)

(7) 제3회 東亞比較文化硏究國際會議(1998년 10월 10~11일,
중국 北京大學)에서 "東亞文化史上'華·夷'與'詩·歌'之相關" 발표.
(한문 논문을 배부하고 한국어로 발표) (여비 및 체재비 70만 원
주최측에서 지급)

(8) 제3회 한국학국제학술회의(1998년 10월 30~31일, 한국 안
동대학)에서 "세계화에 대응하는 국학이론" 발표. (여비 및 발표
비 70만 원 주최측에서 지급)

(9) '98 세계문화엑스포 국제학술회의(1998년 11월 5~7일, 한
국 경주 힐튼호텔)에서 "Common Ideal from Different Hagi-
ographies : 相異한 聖者傳의 同一한 이상" 발표. (여비 및 발표비
120만 원 주최측에서 지급)

(10) 비교문학 및 번역학 국제학술회의(1998년 11월 25일, 한국
한국외국어대학)에서 "공동문어문학의 세계사 이해를 위한 서설"
발표.(영어·불어·서반아어·중국어로 동시통역) (발표비 10만 원
주최측에서 지급)

회의의 성격과 참가자

위에서 든 사례를 회의의 성격에 따라서 나누면 다음과 같다.

국내에서 개최한 학술회의 : (3), (5), (8), (9), (10)

외국에서 개최한 한국학 학술회의 : (2), (4)
외국에서 개최한 일반적인 학술회의 : (1), (6), (7)

외국인이 참여한 상황을 정리하면 다음과 같다.

외국인 발표자 소수만 참여 : (3), (5), (8)
외국인 발표자 소수 및 외국인 청중 일부 참여 : (2), (9)
외국인 발표자 다수 및 외국인 청중 일부 참여 : (10)
발표자 및 청중 (거의) 전부 외국인 : (1), (4), (6), (7)

위의 두 가지 사실을 두고, 회의의 성격을 검토할 수 있다. 국내에서 개최한 학술회의 가운데 학회에서 개최한 (5)는 준비 부족과 예산 부족 때문에 논문 번역본을 배부하지 못하고, 통역도 없어서, 각국의 참가자들이 각기 자기네 나름대로의 발표를 했다. 대학에서 개최한 (3), (8), (10) 가운데 (3)은 나은 편이었고, (8), (10)은 예산 부족이 심각했다. (8)은 외국인 발표자가 2인 참가한 점을 제외하면, 국내학술회의였다. (9)는 국가에서 개최해 예산 부족이 없고 규모가 컸으나, 한국학의 진로 모색을 위해서는 (8)만큼, 한국학문과 외국학문의 교류를 위해서는 (10)만큼 기여했다고 하기 어렵다. (10)의 경우에는 프랑스인·영국인·중국인·페루인·한국인 각 1인이 발표했다.

해외에서 개최한 한국학 학술회의 (2)는 국내의 참가자가 너무 많았으며, 국내에서는 한국학의 학자로 활동하지 않던 사람들이 나서서 내용이 빈약하고 잡다한 주제를 다루었다. 발표자가 아닌 외국인 청중은 거의 없었다. 시드니대학의 교수와 학생들은 그 자리에 나타나지 않았다. 그 행사를 해서 과연 무슨 소득을 얻었는가 의문이다. 국가 경비로 관광단을 데려가 오스트레일리아 유람을 시키고 왔다고 해도 지나친 말이 아니다. 그런 줄 모르고 따라간 것이 생각할수록 창피스럽다. 카자흐스탄국립대학 한국학과에서 개최한 행사인 (4)는 한국의 지원 없이 작은 규모로 진행되었으나, 그 대학 여러 학과의 교수들을 포함해서 현지인 청중이 많이 모여 성황을 이루었다.

(1), (6), (7)은 외국에서 주최해서 개최한, 한국학의 범위를 넘어선 일반적인 학술회의여서 발표자와 청중이 거의 다 외국인이었다. 아랍 각국 및 세계 도처의 학자들이 모인 (1)에 한국에서는 2인만 참가했다. (6)에는 세계 100여 개국 학자 1천 명이 모이고, 발표한 논문이 600여 편이다. 문학에 관한 국제학술회의 가운데 규모가 가장 크고, 수준이 가장 높다. 그런데 국내의 한국인 학자는 8인이 참가했다. (7)에는 중국인 및 일본인은 다수, 한국인은 4인만 참가했다. (2)와 같은 행사(유럽한국학학술회의도 마찬가지이다)를 지원하는 데 예산을 쏟기보다 (1), (6), (7)과 같은 행사 참가를 권장하고 지원하는 것이 바람직하다.

참가비용

위에서 든 사례를 내가 사용한 경비의 수입과 지출에 따라서 나누면 다음과 같다.

지출도 수입도 없는 경우 : (5)
지출과 수입이 대체로 맞먹은 경우 : (1), (2), (4), (7)

　수입이 지출보다 초과한 경우 : (3), (8), (10)
　지출이 수입보다 초과한 경우 : (6)

　(6)을 위해 네덜란드에 가는 여비 보조를 한국학술진흥재단에 신청했으나 실패하고, 서울대학에서 100만 원을 받았다. 그것은 왕복 항공료에 미달하는 액수이다. 그래서 지출이 수입보다 많이 초과했다. (6)에서 발표를 하려면, 논문요지를 제출해서 심사를 받아야 한다. 심사에 통과되어야 발표를 할 수 있다. 발표한 논문 가운에 일부를 선정해 회의결과를 정리하는 단행본에 수록한다. (전례에 비추어보면, 600편의 논문 가운데 100편 정도가 단행본에 수록되리라고 예상할 수 있다) 내 논문은 단행본에 수록이 결정되었다는 통보를 받았다. (6)과 같은 학술회의에서 논문을 발표하고 그 논문이 회의 결과를 정리하는 단행본에 실리는 경우에는 연구비 한 건에 해당하는 지원을 하는 것이 마땅하다.

　(7)의 경우에 한국인 참가자 가운데 나는 기조강연자이므로 여비와 체재비를 주최측에서 부담했으나, 다른 세 사람은 전액 자비로 부담했다. 회의 개최 통보를 늦게 받은 탓에 시간이 부족해서 여비 보조를 신청할 수 없었다. 이런 경우에는 여비 지급을 사후에 신청할 수 있게 해야 한다.

　(2)는 학문의 올림픽이고, (7)은 아시아올림픽이라고 할 수 있다. 그런데 각자 자기 경비로 참가해야 하는 실정이다. 지금의 정책은 올림픽 출전은 되도록 억제하고, 외국인 선수를 불러와 국내 경기에 참가시키거나 그런 경기를 외국의 장소를 빌려 개최하는 것이 최상의 방안인 줄 알아 예산을 집중해서 투입하는 격이다.

　(2)나 (9)에는 낭비하고 (6)이나 (7)에는 지원을 하지 않는 것이

우둔의 소치가 아니라면, 행사를 크게 개최하면 주관자에게 큰 이득이 있기 때문이라고 이해할 수밖에 없다. 임원이 으스대기 좋도록 하는 과대한 행사를 거듭 개최하면서 선수가 국제경기에 출전하는 것은 각자 알아서 하라고 하는 체육행정이 남아날 수 있겠는가? 학문정책이 체육정책보다 못한 나라가 견디어낼 수 있겠는가?

사용 언어

위에서 든 사례를 내가 논문을 써서 발표한 사용한 언어에 따라 나누면 다음과 같다.

한국어로 쓴 논문 발표 : (3), (5), (8)
한국어로 쓴 논문을 발표하고, 다른 사람이 외국어로 통역 :
　(4), (10)
외국어와 한국어 두 가지 언어로 쓴 논문 동시 발표 :
　(2), (7), (9)
외국어(영어) 사용 : (1), (6)

한국어로 쓴 논문만 발표하고 만 (3), (5), (8)은 청중에 외국인이 없어 외국어가 필요하지 않았으니, 국제학술회의라고 하기 어려웠다. (5)의 경우에는 외국인 발표자가 다수 있었으나, 한국어로 발표하는 자리에는 나타나지 않았다. 번역도 통역도 없어, 각 국어의 발표가 별도로 이루어졌다.
한국어로 발표하기를 바라는 한국인 청중과 한국어를 모르는 외국인 청중 양쪽이 다 있는 경우에는 두 가지 언어로 논문을 쓰고 발표를 하는 것이 바람직하다. (2)에서는 영어논문을 먼저 발표하고, 한국어논문을 이용해서 보충설명을 했다. (7)의 경우에는 한문으로 쓴 논문을 배부하고 한국어로 번역해서 읽었다. (9)의 경우에는 한국어논문은 내가 읽고, 영어논문은 동시통역자가 읽도록 했다.

그러나 외국에서 개최한 일반적인 학술회의에서는 한국어를 사용할 수 없다. 공용어 가운데 하나를 택해 발표하고, 여러 공용어를 사용해서 토론을 해야 한다. (1)에서는 영어·불어·아랍어를 공용어로 했다. 나는 영어로 발표하고, 불어 발표의 토론에도 참여했다. (6)에서는 영어와 불어를 공용어로 했다. 나는 영어로 발표하고, 두 가지 언어로 토론했다.

국제학술회의를 위해 영어로 쓴 논문은 세계 학계에서 광범위한 관심을 끌고, 이해를 촉구하기 위해 필요한 논리나 내용을 갖추었으므로, 국내학계에 내놓은 논저를 다른 사람이 번역한 것보다 한국학의 세계화를 위해 더욱 적극적으로 기여할 수 있다. 영문으로 낸 나의 저서 *Korean Literature in Cultural Context and Comparative Perspective*(Seoul : Jipmoondang, 1997)에는 국제학술회의에서 발표한 논문이 여섯 편 실려 있다. 네 편은 1995년 이전의 것이고, 두 편은 (1)과 (2)에서 발표한 것이다. 네 편 가운데 하나인 "Traditional Forms of the Narrative and the Modern Novel"은 "in Korean and Other Third World Literatures"라는 말이 더 붙어 있는 제목으로, 제13회 국제비교문학학술회에서 발표하고, 회의결과를 정리한 단행본에 수록된 것이다.

(6)과 (9)의 논문은 책이 나온 뒤에 썼으므로, 수록하지 못했다.

수록할 논문이 모이면, 그런 책을 다시 내야 한다.

그런데 이런 영문저서를 내면 출판사가 이익을 보지 못해 저자도 인세를 받지 못한다. 그런데도 아무런 지원이 없다. 한국학의 연구업적을 세계에 내놓기 위해서 쓰는 예산의 일부를 이런 책을 출판사와 저자를 돕는 데로 돌려야 한다.

논문 내용

위에서 든 사례를 발표한 논문을 내용에 따라 나누면 다음과 같다.

한국문학 : (4)
한국학 전반 : (3), (8)
한국문학과 동아시아문학의 상관관계 : (2), (5), (6), (7),
한국문학과 세계문학의 상관관계 : (1), (9), (10)

(4)는 한국문학 자체에 대한 발표를 요구하는 행사였다. (3)과 (8)은 한국학 전반의 문제점과 진로를 논하는 학술회의였다. 다른 행사는 취급하는 영역을 자유롭게 택할 수 있어서 여러 해 동안 진행하고 있는 비교문학에 관한 일련의 연구를 일부 적출해서 발표 내용으로 삼았다. 참가자들의 구성과 관심을 고려해서 때로는 한국문학과 동아시아문학의 상관관계, 때로는 한국문학과 세계문학의 상관관계에서 발표 주제를 찾았다.

(5)와 (7)에서는 동아시아 각국 문학에 대등한 비중을 두어 동아시아문학 전반의 문제를 다루면서, 한국문학 및 한국문학연구

가 동아시아문학의 총체적인 이해를 위해 핵심적인 의의가 있음을 해명했다. (6)에서는 동아시아문학의 번역사를 총괄해서 논하는 새로운 작업을 통해서 번역학 연구의 새로운 전망을 제시했다. 그 내용이 크게 인정받아 발표 현장에서 종합토론의 발제자가 되고, 사회자의 요청을 받고 폐회사에 해당한 총괄발언을 했다.

(1)에서는 한국문학에서 동아시아문학으로, 동아시아문학에서 세계문학으로 나아가면서, 세계문학사 이해의 새로운 이론을 수립하는 작업에 관해 발표했다. (9)에서는 종교가 갈등의 원인이 되지 않고 화해의 원천이 될 수 있는 길을 제시해 문화엑스포의 정신을 구체화했다. (10)에서는 민족문학사를 넘어서 세계문학사를 서술하는 근간이 되는 작업에 관한 발표를 했다.

한국에 관해 알리기 위해서 한국문화가 뛰어나고, 한국문학이 우수하다고 단순히 선전하는 방식은 설득력이 없다. 한국문학을 동아시아문학 속에서, 동아시아문학을 세계문학 속에서 이해하는 새로운 연구를 한 성과를 제시하면서, 한국문학이 더 넓은 범위의 문학 이해를 위해서 얼마나 긴요한 구실을 하고, 한국에서 하는 연구가 세계학문의 새로운 진로를 개척하는 데 어떤 의의가 있는가 입증해야 한다. 민족주의의 시대를 넘어서는 새로운 학문을 하는 데 적극 기여하는 것이 한국학문의 세계 진출을 통해서 얻어야 하는 성과이다.

국내용 학문이 따로 있고, 세계로 진출하기 위한 국제용 학문이 따로 있어야 하는 것은 아니다. 청중이나 독자의 구성에 따라 표현은 다소 다르게 해야 하지만, 한국의 학문을 동아시아의 학문으로, 동아시아의 학문을 세계의 학문으로 발전시키는 과업을 일관되게 추진해야 한다. 그렇게 하는 데 비교문학이 커다란 구실을

할 수 있다. 한국문학을 비교문학의 시야와 방법을 가지고 연구해
야 한다.

그런데 비교문학을 영향관계를 다루는 학문으로 이해하고, 영
향을 받아들인 면을 밝히는 데 치중하면 세계학계로 나아갈 수
없다. 영향을 받은 것보다 준 것이 많다고 말을 바꾸는 것이 그
대안일 수 없다. 유럽문명권중심주의를 넘어서고, 강대국의 패권
주의를 청산하는 새로운 시야에서, 문학일반론을 재정립하고 문
학사학을 혁신하는 과업을 맡아 나서야 한다. 한국문학연구의 성
과를 일차적인 근거로 삼고, 동아시아문학에 대한 광범위한 연구
에서 논거를 확장해, 세계학문의 새로운 방향 설정을 주도하는 데
이르러야 한다.

학문을 죽이는 정책과 살리는 정책[1]

무엇이 문제인가

'제2건국'이라는 말을 들으면, 분개하는 마음을 누르기 어렵다. 1948년 정부를 수립할 때의 중대한 실수를 찾아서 바로잡을 생각은 하지 않고, 국민을 상대로 도덕적 훈계나 일삼기 때문이다.[2] 이제 전쟁의 상처도 어느 정도 아물고, 절대빈곤에서도 벗어나, 통일을 앞두고 21세기로 나아가는 시점에 이르렀으니, 나라 만들기에 무엇이 잘못되었는가 근본적으로 반성하고 시정해야 한다. 거기까지 생각이 미치지 못하면서 '제2건국'이라는 말을 함부로

---

1) 이 글은 인문사회연구회에서 주최해 1999년 12월 3일에 개최한 학술회의 "인문학연구 이대로 좋은가"에서 발표했으며, 원래의 제목은 〈인문학연구의 발전을 위한 정책과제〉였다. 인문사회연구회가 어떤 기관이고, 왜 그런 행사를 개최했으며, 어떤 토론이 있었는가를 글 뒤의 〈덧붙임〉에서 말하겠다.

2) 발표할 때 배부한 원고에서는 여기까지가 "'제2건국'이 명실상부하게 이루어지려면 1948년 정부를 수립할 때의 실책을 찾아서 바로잡아야 한다"로 되었다. 구두발표를 하면서, 주최측의 요청 때문에 원고를 수정했음을 밝히고, '제2건국'이 헛된 구호인가는 결과를 보면 알 것이라고 한 다음, "내가 우려하는 바가 헛되다고 판명되기를 진심으로 바란다"고 했다.

해서 불신을 자아낸다.

무엇이 얼마나 잘못되었단 말인가? 나라가 나라다우려면 학문을 할 수 있게 해야 한다. 학자들이 연구에 전념하면서 학문을 발전시키는 기관이 있어야 하는데, 그런 곳이 없다. 교육정책만 있고 학문정책은 없어, 대학은 만들었지만 연구기관은 만들지 않았다. 연구는 대학에서 하면 된다 하고서, 사실상 불가능하게 했다. 교수는 강의하는 사람이라야 한다고 규정하고, 강의를 하는 여가에 연구를 하기도 어렵게 과도한 강의 책임 시간 수를 법령으로 정했다.

그 때문에 모든 학문이 일제히 타격을 받고 있다. 인문학문·사회학문·자연학문 가운데 자연학문은 크게 유용하다고 판단해 막대한 예산을 들여 특별히 지원하고, 국가시책과 직결되는 문제를 다루는 사회학문에도 그 나름대로 관심이라도 기울이는 것이 해결책일 수 없다. 대학의 교수는 강의에 매달려야 하고, 대학 밖의 연구소는 학문을 할 수 있는 여건이 마련되어 있지 않은 전반적인 장애를, 어느 특정 학문을 지원해 바로잡을 수 없다. 학문을 정상화하려면 학문정책의 근본적인 전환이 필수적인 과제이다.

학문의 전반적인 위기가 인문학문에서 특히 심각하게 나타나고 있다. 경쟁력이니 퇴출이니 하는 말이 유행하면서, 인문학문은 경쟁력이 없으니 퇴출시켜야 한다고 하는 그릇된 생각 때문에 빈사상태에 이르렀다. 그것은 인문학문만의 불행이 아니다. 인문학문이 죽으면, 나라가 망하고, 역사가 빗나가고, 문명이 파괴된다. 인문학문이 앞서서 주체적이고 창의적인 능력을 개발해야 사회학문도 제자리에 서고, 자연학문의 경쟁력이 커진다.

인문학문도 사회학문이나 자연학문 수준으로 지원하면 문제가 해결되는 것은 아니다. 이제 학문정책 전반의 잘못을 반성하고 시정해야 할 단계에 이르렀다. 그런데 무엇이 잘못되었는가 알지 못하고 있으니 바로잡을 길이 없다. 다른 나라는 학문정책을 어떻게 하는지 알아보려고도 하지 않는 수준의 정치인이 국정을 담당하고, 학문이 무엇인지 짐작조차 하지 못하는 관료집단이 연구행정을 관장하고 있어 새로운 출발을 가로막는다. 겹겹의 악조건을 무릅쓰고 학문을 하려고 분투하는 동지들이 연구가 아닌 일에 소중한 시간을 소비할 수 없다는 이유로 침묵하고 있지 못할 중대사태이다.

다른 나라는 어떻게 하고 있는가

다른 나라도 다 한국과 같은 줄 알고 있는 사람이 많아 비교 설명부터 할 필요가 있다. 대만의 사례부터 들어보자. 대만에서는 국내외 학문 발전을 선도하는 세계적인 연구기관 '중앙연구원'을 설치해 국력을 기울여 육성하고 있어 부러움을 자아낸다. 北京에 있던 기관을 피난할 때 臺北으로 옮겼다. 어려운 시기 미비한 여건에서도 '중앙연구원'은 정치에서 독립된 순수한 학문연구기관이게 하고 최대의 지원을 아끼지 않아, 학자들이 마음놓고 연구할 수 있게 해왔다. 연구소 육성에 관해서는 대만이 선진국이고 한국은 후진국이라는 사실이 극명한 대조를 이룬다.

대만만 그런 것은 아니다. 중국은 북경 및 각 성에 '과학원'과 '사회과학원'을 두어 대학보다 상위의 학문연구기관 노릇을 하게 한다. '과학원'에서는 자연학문을, '사회과학원'에서는 인문·사회학문을 연구하도록 하고, 그 하위에 각기 여러 연구소를 두었다.

그것은 소련에서 시작된 사회주의 국가 공통의 제도이다. 북한에서도 처음부터 사회주의권의 제도를 받아들여 '과학원'과 '사회과학원'을 두었다. 근래에는 '주체과학원'이라는 것을 다시 만들었다. 거기 상응하는 남쪽의 연구기관은 어느 것인가 의문이 아닐 수 없다.

일본은 '중앙연구원'이나 '사회과학원' 같은 전국적인 기관은 없는 대신에 대학에 연구소를 설치하고 있다. 대학의 연구소에는 반드시 연구에 전념하는 연구교수가 있어야 한다. 그렇지 않은 곳은 연구소라고 일컬을 수 없게 제도화했다. 그 가운데 몇 예를 들어 보면, 東京대학의 '동양문화연구소', 京都대학의 '인문과학연구소', 東京외국어대학의 '아시아아프리카언어문화연구소' 같은 곳에서는 60여 명 정도의 연구교수가 연구에 몰두하고 있어 대단한 업적을 내놓는다. 국가시책상 필요한 연구소라도 가능한 한 대학 안에 두고 연구인력을 대학교수로 해서 능력을 제고하고 신분은 안정시키고 있다. '史料編纂所'는 한국의 '국사편찬위원회'에 상응하는 기관인데, 동경대학 안에 들어 있는 연구소이며 연구인력이 학예연구직이 아닌 교수이다.

대학 밖에 설립한 연구기관이나 박물관 같은 곳의 연구인력도 대학의 교수와 대등한 교수로 해서, 교수가 되기 위해 대학으로 옮겨갈 필요가 없게 한다. '국립국어연구소'도 그 가운데 하나이다. 기존의 박물관이 허다한데, '국립민족학박물관', '국립역사민속박물관', '江戶·東京박물관' 같은 대규모 박물관을 새로 설립해 거기 근무하는 교수들이 연구할 수 있게 하고, 국민의 지적 수준을 높이는 데 기여하게 한다. 교수가 한국에서는 가르치는 사람이기만 한데, 일본에서는 가르치는 사람이기도 하고 연구하는 사람이기도 한 차이점 때문에 한국은 연구역량에서 일본보다 뒤떨어지지 않을 수 없다.

유럽 각국이나 미국에도 연구에 전념하는 사람들이 대학 안팎 여러 곳에 포진하고 있어 많은 시간이 소요되는 연구를 장기간에 걸쳐 할 수 있다. 그 가운데 프랑스의 경우가 특이해 별도로 소개할 필요가 있다. 프랑스에는 다양한 형태의 연구기관이 있다. 학생은 없고 연구교수만 있는 대학 '프랑스대학'(Collège de France)이 최상위의 학문을 하는 곳으로 공인되어 있다. 연구중심의 대학 '고등연구원'(École pratique des hautes études)이 인문학문과 사회학문 양쪽에 있어 새로운 연구를 활발하게 펼친다. '프랑스극동학원'(École Française d'Etrême-Orient)처럼 지역연구의 전문가가 외국에 장기간 파견되어 현지에 거주하면서 연구하도록 하는 기관도 있다.

'국립과학연구센터'(Centre national de la recherche scientifique, 약칭 CNRS)라고 하는 방대한 규모의 연구기관은 더욱 주목할 만하므로 조금 자세하게 소개하기로 한다. 거기 소속된 학자 세 사람에게 물었더니, 총원이 2만 명, 1만 명, 8천 명쯤 될 것이라고 각기 다르게 대답했다. 그만큼 기구 전체에 대해서 무관심하다. 그 가운데 중간을 잡아 1만 명이라 하고 논의를 계속하겠다. 규모가 그렇게 크니 건물이나 기구가 엄청날 것이라고 상상하기 쉬우나 그렇지 않다. 부대비용은 최대한 줄이고 예산을 전액 연구에 직접 투자해 효율성을 최대한 높이는 방식으로 운영하고 있어, 외형은 없애고 내실만 남겼다.

'국립과학연구센터'에 소속되었다는 것은 거기서 월급을 받는다는 말이다. 월급을 받는 사람이, 일은 자기 집이나 공동도서관에서 연구를 하는 것뿐이다. 출근할 건물도 없고, 출근할 의무도 없다. 자기 스스로 하고 싶은 연구를 한 결과를 내놓고 평가를 받는다. 그러면서 전국 모든 대학의 교수를 겸직하고 있는 것과 다름없는 신분이어서, 대학에서 별도의 보수 없이 강의도 맡고, 학위논문 지도도 하며, 때로는 보직도 할 수 있다. 그렇지만 연구 이외의 일에 종사해서 돈을 벌면 월급을 그만큼 삭감한다.

프랑스인은 자유업을 선호하므로 그러한 제도를 창안했다. 학자들이 바라는 방법으로 연구를 지원하면서 일체의 낭비가 없이 예산을 효율적으로 사용해, 학문의 국가경쟁력을 최대한 키우고 있다. 프랑스가 학문 수출국의 위치를 계속 견지하고 있는 것이 그 때문이다. 특히 인문학문에서는 프랑스의 우위가 흔들리지 않고 있으며, 미국은 최대의 수입국 노릇을 하게 한다. 한국은 프랑스의 학문을 미국을 통해 가까스로 수입해오는 나라 가운데 하나이다.

학문하는 사람들 능력의 차이 때문에 그런 격차가 생기는 것은 아니다. 프랑스 정부는 학자가 연구할 수 있게 하고, 한국 정부는 그렇게 하지 못하게 막는다. 연구를 하지 못하게 해도 대단한 업적을 내는 극소수의 예외자만 가지고 한 나라의 학문이 정상적으로 발전할 수는 없다. 학문입국을 포기하면 나라의 장래가 어떻게 되겠는가?

우리 현실을 직시하자

한국은 연구기관은 만들지 않고 나라를 운영하는 예외적인 나라이다. 연구는 대학의 교수가 강의를 하는 본분을 수행하고 남는 여가에 하도록 하고 있다. 연구에 소요되는 비용은 대학을 운영하는 예산에 포함되어 있지 않아, 교수 각자가 개인적으로 조달하도록 하고 있다. 그러면서도 나라를 비교할 때 연구업적에 관한 통계도 필요하다는 것은 알아, 한국 학자들의 업적이 많이 모자란다고 나무라는 것은 잊지 않는다.

인문학문 같은 것은 연구하든지 말든지 당사자가 알아서 할 분야이므로 돌보지 않아도 된다고 여기는 사람들도 과학기술 분야의 연구가 성과 있게 이루어지지 않는다고 개탄하면서 다른 나라의 경우와 수치를 들어 비교하기를 좋아한다. 연구에 투입하는 자금은 적은 편이 아닌데, 연구성과는 현저하게 뒤떨어지고 있으니 이해하기 어렵다고 개탄한다. 이해하지 못할 것이 무엇인가? 통계 숫자에 들어 있는 예산을 연구와 관련이 없는 데다 써서 낭비한 때문이다. 그보다 더욱 심각한 이유는 연구할 시간이 없게 하는 것이다.

나는 지금 하고 있는 방대한 연구에 너무 많은 시간이 소요되어 연구교수가 되기를 진심으로 바란다. 1996년 4월에 연구에 전념할 수 있게 해준다면, 서울대학교의 교수직을 사임하고 어디라도 가겠다고 하는 공개구직 광고를 냈다. 일간신문에서 그 사실을 일제히 보도해 관심과 격려를 나타냈다. 그래서 몇 대학과 접촉이 있었으나, 뜻을 이루지 못했다. 강의는 하지 않고 연구만 하는 교수는 국법에서 허용하지 않는다는 사실을 확인했을 따름이다. 법령의 규제를 받지 않고 있는 사설재단에서는 혜택을 베풀어줄지도 모른다고 기대를 가져보았으나 허사였다.

1999년 9월에 자연학문 분야 두 교수가 서울대학교를 떠나 '고등과학원'으로 옮긴 것이 충격을 주는 사태라고 한다. 거기 가면 연구할 수 있는 시간을 얻고 연구비 신청에 따르는 잡무에서도 면제되는데, 연구에 뜻을 둔 사람이라면 누가 마다할 것인가? 자연학문은 유용하다고 판단해 그런 혜택을 주면서, 인문·사회학문은 무용하므로 연구를 하고 싶으면 개인적으로 하라고 한다. 이래도 되는가? 이런 나라가 국가경쟁력을 가지고 21세기로 나아갈 수 있겠는가?

연구비만 많이 주면 연구가 잘 되는 것은 아니다. 강의와 잡무에 시달려 연구할 시간이 없는 고민을 돈으로 해결할 수는 없다. 연구의 실제 작업은 학생들에게 맡기고 교수는 관리만 하면 된다는 것은 심한 착각이다. 인문학문이 당면한 어려움도 같은 방식으로 해결하면 된다고 하면서 연구비를 요구하는 소리가 높으나, 인문학문 연구는 남에게 맡길 수 있는 부분이 거의 없고 오직 연구하는 사람 자신이 스스로 감당해야 할 시간과의 싸움이다.

교수들에게 주는 연구비를 대폭 증액하면 연구가 잘 될 수 있다고 기대하는 것은 잘못이다. 교수라면 누구든지 연구계획서를 제출해 심사에 통과되면 연구비를 받을 수 있게 하는 것이 연구를 진작시키는 훌륭한 제도라고 착각하지 말아야 한다. 그 제도에는 치명적인 결함이 있다. 장기간 일관성 있게 지속되는 연구를 하는 대신에 연구라는 이름의 투기를 일삼도록 부추긴다. 연구할 뜻이 없어도 돈이 탐나 계획서를 내도록 유혹한다. 채택될 수 있는 계획이 무엇인가 궁리하느라고 연구의 자율성·창의성·일관성이 손상되지 않을 수 없다. 연구계획과 연구결과를 일치시켜야 하므로 연구가 마음껏 뻗어나갈 수 없다.

근래에는 서류 작성이 나날이 번다해지고, 연구비 사용 내역서와 영수증을 챙기는 수고가 더욱 커져, 그렇지 않아도 모자라는

시간을 무참하게 앗아간다. 연구비를 받은 사람 가운데 연구결과
가 계획과 어긋나고, 연구비를 예산항목대로 쓰지 않고 유용하는
잘못을 저지르지 않은 사람은 아무도 없다. 감사를 해서 문책을
하면 누구나 죄인이 될 수 있으므로 전전긍긍하지 않을 수 없다.
그런 사정이 겹겹이 얽혀, 연구비라는 미끼가 연구를 방해한다.
연구비를 증액하는 것만큼 방해 작용도 더 커진다.[3]

연구비를 신청하지 않으면 그만이지 공연히 말썽을 부리지 말
라고 할 일이 아니다. 연구비를 받지 않으면 연구가 잘 될 수 있
는 것도 아니다. 연구의 필수적인 여건인 시간이 없으니 연구를
하는 척하면서 책임을 면할 방도를 찾지 않을 수 없다. 학문의 제
조업은 하지 못하고 수입업에만 매달릴 수밖에 없다. 상품은 수출
해야 하지만 학문은 수입해다 써도 나쁠 것이 없다고 하는 말로
수입업을 두둔하지 말자. 학문의 본질은 모르더라도 시대가 달라
진 것은 알아야 한다. 남의 기술로 우리 상품을 만들 수 있는 시
대도, 남의 학문으로 우리 기술을 개발할 수 있는 시대도 다 지나
가고, 이제 우리 학문이 아니면 기술과 상품에서 경쟁을 할 수 없
는 시대에 이르렀다.

인문학문 가운데서도 국학은 그 기초이고 핵심이며 수입해서
할 수 없으므로 힘써 육성해야 한다. 다른 연구소는 없어도 국학
연구소는 있어야 하는데, 그렇지 못한 것은 정부의 직무유기이다.
정부를 수립할 때부터 '국립박물관'과 '국사편찬위원회'를 설치하

---

3) 구두발표할 때 이 대목에 이르러서, 연구비 지급방식을 연구계획서 대신에 완
   성된 연구물을 심사해 연구비를 지급하는 것으로 바꾸면, 지금 제도의 결함을
   대폭 시정할 수 있을 것이라고 했다. 토론자로 지정되어 있는 한국학술진흥재단
   박석무 이사장이 토론을 할 때 이에 대해 대답을 해달라고 요청하고 싶은데, 그
   자리에 나와 있지 않은 것이 유감이라고 했다.

고, 그 뒤에 '국립국어연구원'도 만들었는데, 무슨 소리냐 하고 반
문할지 모른다. 그러나 국립박물관과 국사편찬위원회는 부끄러운
말이지만 조선총독부에서 있었던 기구를 이름만 바꿨을 따름이
다. '국립국어연구원'은 문화정책의 기본을 관장하는 필수적인 기
구라는 주장을 뒤늦게 받아들여 마지못해 설치했다.

 '국립박물관', '국사편찬위원회', '국립국어연구원' 같은 국립연
구기관은 특정의 사명이 있어 학문 발전에 널리 기여하기 어려울
뿐만 아니라, 직제에 치명적인 결함이 있다. 그 기관 자체가 상위
행정기관의 직접적인 감독을 받아야 하는 탓에 연구의 본질인 자
발성과 창의력이 크게 제약된다. 연구에 종사하는 사람들이 일반
공무원 직종의 하나인 학예연구직이어서 상위 행정직의 간섭을
받는다. 연구 능력이 뛰어난 학예연구원일수록 핍박을 견디어내
는 데는 더욱 무능해 줄곧 괴로워하다가 대학에 자리가 나면 떠
나가도록 만든다. 그 밖에 '민족문화추진회'나 '독립운동사연구소'
같은 것들이 더 있어도, 연구를 제대로 하기 어렵게 하는 조건을
스스로 해결할 수 없다.

 이 땅에는 사회과학원이나 인문사회과학원 같은 것을 누구나
임의의 사설단체로 만들 수 있을 만큼 결사의 절대적인 자유가
보장되어 있어, 정부 수립 이전 상태라고 하지 않을 수 없다. 겉으
로는 수많은 학회나 학술단체가 다채로운 활동을 하고 있고, 민간
학자들도 아주 많아, 연구가 아주 활발한 것 같다. 그러나 학문에
종사하는 시간을 확보하면서 생계 걱정은 하지 않고, 학문을 하는
데 필요한 자료나 비용을 항상 조달할 수 있는 사람은 아무도 없
다. 학문을 한다는 것이 독립운동 수준의 자기 희생이어서, 비장
한 각오나 눈물겨운 노력이 있어도 바람직한 성과를 거두지 못한

다. 다른 나라 학자들은 국가가 지원하는 혜택을 누리면서 현대화된 공장을 돌려 시장을 계통적으로 장악하는데, 한국의 학자들은 원시적인 방식의 수공업으로 만든 제품을 각자 팔고 다니는 행상을 겸하고 있다고 해야 할 실정이다.

실패를 되풀이할 것인가

한국에도 연구기관이 있어야 한다는 주장이 뒤늦게 일어나, 그 일부는 채택되었다. 자연학문 분야에는 대학 안팎에, 정부 또는 민간에서 출자해 여러 연구소를 세웠다. 연구해야 살 수 있다고 하면서 연구를 독려하고 있다. 그래서 잘 되고 있는가 검토해야 하겠지만, 내 소관사는 아니고 능력 밖이니 접어두고자 한다. 인문·사회학문에서는 국책의 당면과제를 부서별로 다루는 정책연구기관이 있어야 한다고 해서 여러 연구소를 다투어 설립하더니, 이제는 통합관리하는 새로운 제도를 만들었다. 그래서 어떤 점이 개선되었는가? 각 부처에서 세운 연구기관을 한데 모아놓으면, 연구능력이 크게 향상되어 학문발전에 적극 기여하는가?

거액의 예산을 들여 창설하고 운영하는 '한국정신문화연구원'은 그런 군소연구기관과는 차원이 다르니 한꺼번에 논하지 말라고 할 수도 있다. 그러나 나는 '한국정신문화연구원'이 겪어온 시련을 뼈저리게 체험해 잘 알고 있다. 인건비보다 사업비를 많이 책정해야 한다면서 연구비를 지급해 연구를 시키는 기관이게 한 것이 처음부터 문제였다. 국학의 연구에 힘써 천 년을 갈 업적을 내놓아야 한다고 하는 학계의 염원과 내부의 열망을 무시하고, 집권자의 정치적 구호를 윤색해 몇 해 지나면 휴지쪽에 지나지 않을 글이나 써내라는 요구를 끊임없이 받아왔다. '새마을운동', '국민윤리', '국민정신교육', '이데올로기 비판', 그리고 '역사바로세우기' 등을 위해 나서라고 하더니, 그 구호가 '제2건국'으로 바뀌었다. 거기다 덧보태 대학원 기능을 대폭 확대하려고 한다는데, 그렇다면 교육이 연구를 밀어내는 기존 대학의 폐단을 재현하기까지 한다.

국학을 연구하는 기관을 따로 만드니 기대를 해보자 할 수 있다. 그러나 설립을 추진하는 과정에서 '국학연구원'이 '국학진흥원'으로 바뀌어 연구와는 거리가 멀어졌다. 첫 사업으로 땅을 마련하고 집을 짓는데, 건축비만 300억 원이나 소요된다고 한다. 건물을 유지하고, 사무기구를 운영하려고 하면 더 많은 돈이 필요하다. 국학진흥원을 만들어 운영하는 돈을 국학을 진흥하는 데 바로 쓰면 당장 큰 성과를 거둘 것인데 그렇게 하지 않는다. 연구를 진흥하고 지원하겠다는 기구나 인원은 나날이 늘어나고, 정작 연구를 할 사람은 없다. 누수율이 100퍼센트에 가까운 수도공사를 거듭해서 하고 있는 셈이다.

정부 산하의 연구기관에 인문·사회학문 특히 그 가운데 인문학문의 연구를 하는 곳은 없으니 신설해야 한다고 주장할 수 있다. 가칭 인문학연구원이라는 것을 만든다고 하자. 빈약한 예산으로 소규모의 연구기관을 창설해서는 '한국정신문화연구원'의 실패를 만회할 수 없다. 그쪽보다 많은 예산을 배정해 또 하나의 연구원을 더 크게 만들어야 비교 가능한 업적을 이룩할 수 있다. 그렇게 하면 인문학문연구를 획기적으로 진작할 수 있겠는가? 아니다. 전혀 그렇지 않다.

설립을 추진하는 국정책임자가 적극적인 관심을 가지면 허세

가 확대되는 병폐가 이번에는 생겨나지 않는다는 보장이 없다. 국
정책임자가 내세우는 정치적인 구호를 해설하고 홍보하는 일을
맡아 유용한 기관이 되라고 요구하는 것은 피하기 어려운 일이다.
원장의 직급을 높이고 집을 크게 잘 지으면 훌륭한 연구원이 된
다고 하는 망상이 되살아나 일을 망칠 것이다. 거창한 규모에 걸
맞는 유력한 인사가 원장으로 부임해, 사무국장 이하 방대한 사무
기구를 만들고, 땅을 구하고, 집을 짓느라고 소동을 벌이면서 또
다시 낭비를 일삼을 것이다.

그렇더라도 대만의 '중앙연구원' 같은 세계적인 수준의 연구기
관을 만들면 투자한 보람이 있다고 할지 모르나, 그럴 가능성은
없다. 새로 설립하는 연구원이 대만의 '중앙연구원'이나 중국 또
는 북한의 '사회과학원'처럼 대학보다 상위의 연구기관일 수 있게
하는 방법은 없다. 그런 법을 제정하는 것이 원리상 합당하지 않
고, 설사 제정한다 해도 기존의 관습과 어긋나 효력을 발생하지
못한다. 돈으로 해결책을 삼으려고 하면 낭비만 확대할 따름이다.

자연학문 분야에서는 노벨상 수상자급의 세계적인 석학을 초
빙하면 새로 설립하는 연구기관이 당장 최고의 수준에 이른다고
장담한다. 과연 그렇게 되었는지 알 수 없으나, 석학이라고 한국
에까지 알려져 초빙에 응할 사람은 새로운 연구를 할 수 있는 여
력이 없다고 보는 것이 정상이다. 더구나 인문학문에는 노벨상은
물론 거기 버금가는 상도 없을 뿐만 아니라, 엄청난 보수를 주고
외국의 석학을 초빙한다 해도 우리에게 필요한 연구를 할 수 없
고, 우리 학문의 발전에 기여하지는 못한다. 국내에서도 석학이라
고 널리 알려지는 것은 연구가 끝난 뒤라야 가능하다. 예산이 많
아 훌륭한 양로원을 차리는 것은 사회복지를 위해 좋은 일이지만,

학문발전에 도움이 되지는 않는다.

그런 허세는 버리고 유능한 현역학자들로 연구진을 구성하려면 대학에 재직하고 있는 부교수급의 뛰어난 학자들을 초빙하는 것이 상책이라 하겠는데, 적임자가 아니면 자리를 쉽게 옮길 수 있겠지만, 적임자라면 그렇지 않을 것이다. 교수직을 버리고 학예연구직을 맡으려고 하지 않고, 상하관계로 이루어진 관료조직에 들어가는 것을 싫어하고, 행정업무를 맡아 연구는 하지 못하게 될까, 원하지 않는 연구계획에 동원될까 염려해 초빙에 응하지 않을 것이다. 보수를 높여 유인책을 삼으면, 연구할 뜻이 없는 사람들이나 적극 호응한다. 신진학자를 공개채용해서 모으면 된다 하겠지만, 유능한 인재라면 대학에 자리가 날 때까지 잠시 머물고자 할 것이다.

그 어느 경우에도 연구진 구성이 잘 되리라는 보장이 없다. 상위조직이 비대하고 운영방식이 관료적인 데 비례해 학문 외적 기준이 더 많이 개입하는 탓에 연구진의 인선이 잘못되고, 부적절한 연구계획을 하달하려고 하다가 마찰을 빚어, 연구성과가 제대로 나타나지 않으리라고 예견하는 것이 잘못이 아니다. 감독관청에서 행정적인 규제를 강화해 문제를 해결하려고 하면 사태가 한층 악화된다. 내부의 관리직이 대단한 권한을 가지고 연구직을 독려하도록 하면 파국에 이른다. 노예노동은 능률이 낮아 일찍 폐기되었던 사실을 바로 알아야 한다.

우수한 연구진용을 구성하기 위해 대학원이라도 설치해 학예연구직을 교수직으로 바꾸면, 강의부담이 생겨나서 연구기관을 별도로 설립하는 의의가 없어진다. 대학원 학생의 질이 또한 문제가 된다. 파격적인 장학금을 주어 대학원 학생의 질을 높이려고 하면 본말이 전도되고, 연구에 쓸 예산이 더욱 줄어든다. 대학원이 더 필요해서 새로운 사업을 벌여야 하는 것은 아니다.

연구는 내부에서만 하지 말고 외부의 교수들에게 연구비를 나누어주어 혜택을 널리 베풀어야 한다는 주장이 나오게 되는 것도 쉽사리 예견할 수 있다. 예산을 편성할 때 인건비보다 사업비가 많아야 한다는 상투적인 논거가 재등장할 것이다. 연구비를 지급하는 기관이 하나 더 생기는 것을 대학에 있는 교수들은 환영할 것이다. 그렇지만 연구비를 지급하는 액수가 많아지면 연구는 사람이 하지 않고 돈이 한다고 하는 그릇된 사고방식을 키워 연구를 더욱 왜곡하는 작용이나 할 것이다.

위에서 든 여러 조항에서, 신설되는 연구원은 '한국정신문화연구원'의 전례를 따르게 되리라고 쉽사리 예견할 수 있다. 신설되는 연구원의 장래를 이렇게 예견하는 것은 지나친 비관론인가? 국정책임자가 올바른 생각을 가지고 원장이나 사무국장을 잘 선임하면 되는데, 지나친 상상을 하면서 공연한 험담을 하는 것인가? 아니다. 전혀 그렇지 않다.

정부에서 설립하고 감독해 운영하는 모든 기관의 본질을 이루고 있는 관료주의가 연구라는 창조행위와는 반드시 어긋난다. 그 둘이 충돌해 관료주의가 이기고 창조행위가 져서 연구가 황폐하게 되는 것을 누구도 막지 못한다. 담당자의 인성에 따라 사정이 달라질 수 있는 것은 아니다. 정부에서 설립하는 기관에 관료주의가 끼어들지 못하게 차단할 수 있을 만큼 위대한 지도자는 없다.

어떻게 해야 하는가

그러면 어떻게 해야 하는가? 우선 필요한 일은 교수의 자격규정을 다시 해야 하는 것이다. 교육은 하지 않고 연구에만 종사하는 사람도 교수로 해서, 자율성과 신분안정을 부여하는 대신에 능력을 제고하고 충실한 연구성과를 내놓도록 요구해야 한다, 그렇게 해야 연구기관을 세워서 운영하는 보람이 있다. 그래야 '국립박물관', '국사편찬위원회', '국립국어연구원'뿐만 아니라 다른 여러 공공의 박물관이나 미술관, 정부에 소속되거나 정부출연기관인 각종 연구소가 맡은 임무를 충실하게 수행할 수 있다.

학예연구직을 교수로 전환하는 데는 다소의 추가예산이 소요되지만, 투자한 것 이상의 성과를 거둘 수 있을 것이다. 자격 미달의 연구소나 연구진을 정리하면, 예산 지출 총액은 오히려 줄어든다. 어느 부처의 정책 수립을 위해 연구소를 두는 것은 낭비이고, 연구의 질을 저하시키는 부작용을 낳는다. 정책 수립을 위해 필요한 연구는 기존의 연구소에 의뢰해서 하면 된다.

교수의 자격을 갖추지 못한 학예연구직은 연구의 보조인력으로 남아 일하거나 퇴진하도록 해야 한다. 교수진을 확보하지 못하는 연구소는 충실한 연구성과를 기대하지 못하므로 폐쇄하는 것이 마땅하다. 연구성과의 학술적 가치에 대해서 엄격한 평가를 해서 수준 미달인 연구기관은 정리해야 한다. 연구진 개개인이나 연구기관 전체의 학문적 능력과 업적에 대한 평가를 공정하게 하기 위해서 그 일을 학술원에서 맡도록 하는 것이 바람직한 방안이다.

학문의 위기를 타개하기 위한 더욱 적극적인 대책은 정부 예산으로 대학의 연구소를 육성하는 것이다. 대학의 연구소가 서로 경쟁하면서 평가를 받는 것을 조건으로 정부가 재정을 맡는 것이 대학과 정부의 가장 바람직한 역할 분담이다. 대학의 연구소를 육성해 학문을 하게 하면 추가 재원을 최소화하면서 능률을 극대화할 수 있다. 일체의 낭비나 허세를 배제하고 적은 재원을 효율적으로 사용해서 다른 나라보다 앞서는 학문을 할 수 있게 하는 방안이 여기 있다.

불신과 비난을 아무리 많이 받고 있어도 믿을 곳은 대학이다. 대학은 관료주의의 폐단이 상대적으로 적으면서 연구를 관리할 수 있는 능력은 상대적으로 많은 곳임을 인정해야 한다. 그것은 정부의 본질과는 다른 대학의 본질이다. 정부는 잘못하는데 대학은 잘하고 있다고 하는 것은 아니다. 본질이 다르므로 임무 또한 같을 수 없다. 연구 업무 관장에서는 훌륭한 정부가 나쁜 대학을 따르지 못한다.

정부는 하나이지만 대학은 여럿인 것도 연구를 맡기는 데 유리한 점이다. 여러 대학이 서로 경쟁하는 관계에 있어, 지원할 연구소를 선정하고, 업적을 비교해 평가할 수 있다. 연구소를 조직하고, 개편하고, 폐지하는 일을 대학이 스스로 하도록 하고, 국가는 그 내역을 평가해 지원 여부와 그 규모를 결정하면 된다. 국가가 연구소 내부의 일에 대해서 직접 간섭해 부작용이 생기게 할 필요는 없다.

구체적인 방안을 말해보자. 대학의 연구소에는 반드시 연구교수를 두도록 제도화하고, 연구교수의 인건비를 국가에서 부담하는 것이 그 핵심이다. 부교수를 기준으로 하면, 교수 한 사람의 1년간 급여 총액이 4천만 원쯤 된다. 4천만 원만 있으면 한 명, 그

열 배이면 열 명의 연구교수 인건비를 책정해, 국립대학의 경우에는 당사자에게 직접 지급하고, 사립대학이라면 대학재정을 보조하면 된다. 원장이나 사무직의 인건비도, 집을 짓고 운영하는 비용도 따로 필요하지 않다. 시설이나 도서는 이미 있는 것을 이용하면서 단계적으로 보완하면 된다.

대학의 연구소도 통폐합을 능사로 삼아 대형화해야 한다는 것은 잘못된 생각이다. 소장의 직급을 높이면 연구소가 훌륭해진다는 것은 심한 착각이다. 학문의 본질인 자발적 창의력은 대규모의 조직을 거부하고, 관료주의를 배격한다. 특성화된 주제에 대한 일관된 연구를 내실을 갖추어 진행하면서, 연구시키는 사람과 연구하는 사람이 분리되는 폐단을 막고, 관료주의가 끼여들 틈이 없게 하려면, 서로 좋아서 모인 10명 내외의 소집단이 한 연구소를 이루어야 한다.

그 정도의 인원이 서로 대등한 관계를 가지면서 스스로 선정한 대주제에 대해서 공동연구, 협동연구, 개인연구 등을 다양한 방식으로 병행시켜 진행하는 것이 바람직하다. 서로 연관관계를 가지는 개인연구가 각기 별개의 단행본으로 출판되어 총서를 이루는 것이 좋은 방식이다. 그런 연구소가 전국 각 대학에 많이 있어 다양한 연구를 각기 힘써 하도록 하는 것이 최상의 방안이다.

연구교수는 먼저 기존의 교수 가운데 신청을 받아 선발해야 연구교수가 강의교수보다 하위의 교수라는 그릇된 관례가 생기지 않는다. 나머지 필요한 인원은 장기적인 연구계획을 명시하고 동참하기를 진심으로 바라는 후보 가운데 공개채용해야 한다. 연구교수와 강의교수는 서로 넘나들 수 있게 해야 한다. 연구교수라고 한 학기에 한 과목에 한해서 강의를 할 수 있게 하되, 교과과정에 들어 있지 않은 새로운 강의를 되풀이 없이 한 번만 해야 그 내용이 연구와 직결된다. 그런 강의는 대학 밖으로도 널리 공개해 누구나 청강할 수 있게 하는 것이 마땅하다. 그렇게 하면 연구하는 기풍이 진작되고, 연구한 성과의 파급효과가 커질 것이다.

그런 연구소가 전국 각 대학에 100개 정도 있으면, 새 역사가 시작된다. 연구교수 1,000명이면 프랑스의 10분의 1 수준이지만, 학문 선진국으로 나아가는 기틀을 마련할 것이다. 그런 연구소 설치에 관한 연구계획과 충원계획을 대학 단위로 작성해 내도록 하고, 심사해서 허가하면 된다. 수를 채우기 위해 조건을 낮추지 말고, 처음에는 몇 개로 시작해서 100개의 연구소를 연차적으로 선정해야 한다. 연구 역량이 늘어나고 예산이 증액될 수 있으면, 더 많은 연구소를 육성하는 것이 바람직하다.

한국학문을 발전시켜 세계학문을 선도하는 데까지 이르는 연구를 최우선으로 지원해야 한다. 한국학문의 전통을 계승해 새로운 21세기학문의 새로운 방향을 제시하는 것이 그렇게 하는 데 반드시 포함되어야 할 과제이다. 학과의 경계를 넘어서는 연구, 특히 인문학문과 사회학문, 인문학문·사회학문·자연학문을 통합하는 연구, 국학과 양학을 합치는 연구를 하는 연구소를 힘써 육성해야 한다. 한국문화(또는 한국의 어느 지역문화)와 외국문화(또는 외국의 어느 지역문화)를 비교해 연구하는 것도 권장할 일이다.

시장경쟁에서 밀려나는 이른바 비인기학과의 교수들이 연구소로 자리를 옮겨 연구의 이상을 실현하는 것은 권장할 만한 일이다. 대학에 학과가 설치될 수 없거나 강의교수의 자리는 나지 않지만 필요한 분야의 연구도 하게 적극 지원해야 한다. 대학에 학과가 설치된 분야가 아니면 전공학자가 취업하지 못해 연구가 이루어질 수 없는 현행 제도의 근본적인 결함을 연구소 운영을 통해서 시정해야 한다.

연구소의 업적을 평가해, 잘 하면 지원을 확대하고, 못 하면 지원을 축소하는 것이 마땅하다. 연구비 사용에 대한 회계감사를 평가의 척도로 삼지 말아야 한다. 영수증을 잘 챙기면 연구비를 제대로 썼다고 할 것은 아니다. 연구비를 유용하게 썼는가는 예산회계법에서 정한 척도를 넘어서서 오직 연구결과만이 입증해줄 수 있다. 중간과정은 묻지 말아야 연구를 위한 최대의 자산인 시간을 빼앗지 않는다. 연구비 얼마를 가지고 어떤 과제를 수행했는가 따지는 것도 무의미한 일이다. 연구소에 소속된 교수 전원이 이룩한 모든 업적에 대한 질적인 평가만 해야 한다.

평가의 주기는 5년 정도가 적당하다. 좋은 평가를 얻는 경우에는 당해 연구소에 대한 지원을 확대하거나 그 대학에서 다른 연구소를 더 만들 수 있게 하고, 그 반대의 경우는 지원을 축소하거나 삭감한다. 지원이 삭감된 연구소는 존속할 수 없다. 그 과정에서 연구교수의 구성이 바뀌는 것이 당연하다. 새로 초빙되는 연구교수도 있고, 본의 아니게 퇴임해야 하는 연구교수도 있게 된다. 그런 방법을 사용해, 동일조건에서 정당하게 경쟁해 특성 있는 명문대학이 생겨나게 해야 한다.

이 경우에도 평가는 학술원에서 담당하는 것이 바람직하다. 학술원은 원로학자들을 예우하는 기능에다 학문연구에 대해 평가하는 기능을 하나 더 보태야 존재이유가 더욱 뚜렷해진다. 학술원 회원들이 모든 평가를 직접 할 수는 없으므로, 적임자를 골라 업무를 분담하는 것이 당연하다. 어떻게 평가해야 하는가, 누가 평가의 적임자인가를 아는 사람이 학술원 회원이 되어야 한다는 데 대해서 이론의 여지가 없다.

대학의 연구소를 그렇게 육성하는 데 소요되는 기본예산은 연간 400억 원이다. 거기다 연구자료 조사 및 구입비 등 연구에 직접 소요되는 경비를 50퍼센트 정도 추가하면, 총액이 600억 원이다. 5년간에 3천억 원이 소요된다. 그 정도의 돈이 없는 것은 아니다. 지금 추진하고 있는 '두뇌한국 21'의 소요예산 1조 4천억 원보다는 현저하게 적은 액수이다. '두뇌한국 21'은 여러 가지 문제점이 있는 가운데 교수들의 잡무를 늘리고 연구할 시간을 뺏는 것이 가장 치명적이다. 대학원생에게 장학금을 주어 조수로 활용하면 연구하는 데 도움이 된다는 것은 자연학문의 경우이다. 인문·사회학문은 교수가 스스로 연구해야 한다. 연구를 위해서 절대적으로 필요한 조건은 시간 확보이다.

'두뇌한국 21'에서 표방하고 있는 것처럼 대학원 학생들에게 장학금을 주어 21세기를 맡을 한국의 두뇌를 길러낸다고 하자. 연구할 곳을 마련해주지 않으면, 들인 돈이 원천적인 낭비이다. 국내에서 길러냈든 외국유학을 했든 성적이 우수하고 학위논문을 잘 쓴 인재가 그 자체로 훌륭하다고 할 것은 아니고 연구를 해 역량을 발휘하도록 해야 나라의 보배가 된다. 인문학문은 시장경쟁에서 밀려나 실용성이 없다는 이유에서 우수한 논문으로 박사학위를 받은 인재가 실업자가 되어 일당 2만 5천 원을 받고 공공근로 사업에나 종사해야 하는 기막힌 현실을 타개하려면 대학의 연구소에다 일할 자리를 많이 만들어야 한다.

지금 박사 실업자가 해마나 누적되어 문제가 심각하다. 전국적인 소요사태가 일어날 지경에 이르렀다. 우려하는 바를 떨치고

‘두뇌한국 21’이 예정대로 진척된다고 하면 박사 실업자를 더 많이 만들어낼 것이다. 박사가 실업자가 되는 것은 개인적인 실패라고 할 것이 아니고, 국력을 낭비하고 사장시키는 짓임을 바로 알아야 한다. 박사를 길러내는 쪽보다 활용하는 데 더 많은 투자를 해서, 부당하게 사장되어 사회불안이나 야기하는 개개인의 능력이 국력으로 전환되도록 해야 한다.

연구교수 1천 명을 두면 일자리 1천 개를 만든다. 1천 명이 연구해서 얻은 성과를 다각도로 활용하면 일자리 1천 개가 10만 개나 100만 개로 확대될 것이다. 지금은 지식이 자산이고, 문화가 산업이고, 지적 수준이 국력인 시대이다. 일자리 1천 개를 만들 예산을 연구원 신설에 투입하면, 대지, 건축, 시설관리 등에 많은 재원이 소요되고, 사무직이 비대해져, 연구직에는 그 일부밖에 배정되지 않는다. 소수의 연구직이라도 제도상의 결함 때문에 우수한 연구물을 생산해내지 못하므로, 일자리 확대를 위해 기여하지 못한다. 두 가지 경우의 경제적인 이득을 쉽사리 비교할 수 있다.

‘두뇌한국 21’에 대해서 강하게 반발하고 있는 대학사회의 여론이 대학 연구소를 육성해 학문을 살리려고 하는 이 방안에 대해서는 일제히 환영할 것이다. 이 방안은 기회균등의 원칙에 따라서 학문을 하는 사람들에게 널리 혜택을 줄 수 있어서 그런 것만은 아니다. 21세기의 한국을 이끌어 나가는 더욱 타당한 방안이 어느 쪽인가 자명하기 때문이다.

결단을 촉구한다

지금까지 제안한 바는 국가운영의 기본방침을 바꾸는 근본적인 개혁이 있어야 실현 가능하다. 대통령이 결단을 내려야 할 수 있는 일이다. 유명무실하다고 비판을 받고 있는 '제2건국'에 실질적인 내용을 부여하는 사업으로 지금까지 제안한 바를 받아들이기를 진심으로 바란다. 만약 국운이 비색한 탓에 그런 행운을 지금 누리지 못한다면, 다음 대통령은 세계 각국이 학문정책을 두고서도 끝없이 서로 경쟁하고 있다는 사실을 아는 사람을 뽑아야 한다.

덧붙임 1

김대중정부는 정부출연연구기관을 모아서 통괄하는 기구를 국무총리 산하에 설치했다. 행사를 개최한 '인문사회연구회'도 그 가운데 하나이며, 인문·사회학문 분야 정부출연연구기관 9개를 통괄한다. 그런데 그 가운데 인문학 분야 연구소는 하나도 없어 명실상부하지 못하므로 인문학연구소를 신설한 의향이 있어 "인문학연구 이대로 좋은가"라는 물음을 내건 학술회의를 큰 규모로 개최했다. 그러나 나는 인문학연구소를 정부 출연기관으로 설립하는 것은 학문을 죽이는 정책이니 그만두라고 했다. 인문학연구소가 없어 '인문사회연구회'라는 말이 이상하면 이름을 바꾸는 것이 마땅하다고 했다.

내 발표(지정발표)의 토론자인 강치원 교수(강원대, 서양사)는 관료주의, 관치주의, 서울 집중, 서울대 패권주의 등을 타파하고, 강의와 연구를 연계시켜야 학문의 창조성이 살아난다고 주장하면서도 '인문학정책연구원' 같은 것을 세울 필요가 있다고 했다. 그렇게 말한 데 대해서 나는 이렇게 대답했다. 그것은 앞뒤가 맞

지 않는 말이다. 앞의 말은 내 지론과 전적으로 부합되고, 뒤의 말
은 전혀 그렇지 않다. 연구소 신설이 얼마나 잘못된 발상인가는
발표문에서 충분히 밝혀 논했으므로 재론하지 않는다.

또 한 사람의 지정토론자인 이석현 의원(국회의원, 국민회의)
은 "한국의 인문학은 토착화된 이론을 생산하고 사회공동체를 수
호하는 데 기여하고", "생물종의 변형과 생태계의 변화로 인간의
존엄성 및 인간공동체의 존립기반이 위협받게" 된 상황에 대처하
는 것과 같은 연구를 해야 하므로, 연구소를 신설하거나 한국정신
문화연구원을 개편할 필요가 있다고 했다. 이에 대해서 나는 인문
학문·사회학문·자연학문을 통합하는 연구를 해서 그런 문제를
해결할 수 있는 곳은 대학이지 정부출연 연구기관이 아니라고 했
다. 정부출연 연구기관은 한번 구성하면 그대로 굳어지므로 연구
진용이 고정되어 필요에 따라 새로운 연구를 할 수 없고, 다양한
연구를 동시에 행할 수 없다고 했다. 정신문화연구원을 개편하려
면 우선 원장을 바꾸고, 구성원 대다수를 교체해야 하는데, 그것
이 가능한 일인가 하고 되물었다.

종합토론의 토론자 가운데서도 몇 사람이 인문학연구소를 신
설해야 한다고 했는데, 준비된 발언을 했을 따름이고, 내가 편 지
론에 대해서 납득할 수 있는 반론을 제시한 것은 아니다. 연구소
신설을 바라는 사람들로 토론진을 짜서 내 발표에 대해서 반대하
는 발언을 하도록 했다고 생각된다. 그런 줄 모르고 공연한 수고
를 했으니 후회할 일이다. 주최측에서 내가 제시한 방안을 받아들
일 의향도 없고, 또한 그럴 권한도 없다는 사실을 확인하고 나니
허탈하다. 나보다 앞서 발표한 소흥렬, 정구복, 장회익 세 분이 학
문의 현재와 장래를 깊이 우려하는 간절한 심정으로 쓰고 읽은

원고도 정책과의 연관에서는 모두 헛말이 되고 말았다.

　인문학연구소를 세우면 일을 맡는 사람이나 취직을 하는 사람에게는 큰 경사일 수 있다. 개인의 사정을 보면 그런 경사가 꼭 필요한 사람이 적지 않다. 그러나 국가대사는 사사로운 이해관계에 따라 결정하지 말아야 한다. 이제는 학문을 살리는 정책을 써야 한다. 이 글을 써서 발표를 해도 국민의 세금을, 학문을 살리는 데 쓰도록 하지는 못하는 것이 통탄스럽다. 그러나 지금 당장 학문을 죽이지는 못하도록 막는 최소한의 소극적인 구실이라도 한다면 수고한 보람이 있다. 혼자 힘으로는 감당할 수 없으니, 이 글과 토론 내역을 널리 공개해 힘을 모으고자 한다. 글 결말에서 “다음 대통령은 세계 각국이 학문정책을 두고서도 끝없이 서로 경쟁하고 있다는 사실을 아는 사람을 뽑아야 한다”고 한 대목이 헛되지 않도록 해야 한다.

　한국학술진흥재단 이사장 박석무는 종합토론의 토론자였는데, 발표가 끝난 뒤에 나타나 자기가 그 기관을 맡고 일을 잘 하고 있다는 선전을 한참 늘어놓더니 여러 사람의 발표에 대해서 대체로 공감한다고 말하는 것으로 토론을 대신했으며, 내 발표도 거기 포함되었다. 그래서 내가 일어나 문제를 제기해, 다음과 같은 문답이 오고 갔다.

　조동일 : “내가 발표를 할 때 연구결과를 심사해서 연구비를 지급하면 현행 제도의 폐단을 시정할 수 있다고 하고, 이에 대해 학술진흥재단 이사장의 견해를 듣고자 한다고 했는데, 왜 발표할 때에는 오지 않고 이제 와서 딴말만 하는가?”

　박석무 : “발표할 때 오지 않은 것은 바쁘기 때문이다. 하루에도 이런 모임이 몇 개씩 있다. 연구결과물은 심사해서 연구비를

지급하는 제도는 일부 채택을 고려할 수 있으나, 연구결과물은 심사하기 어려워 확대하지 못한다.”

조동일 : “말이 되는 소리를 해라. 연구계획서는 심사할 수 있고 연구결과물은 심사할 수 없다니 그것이 무슨 소리냐? 연구비지급제도를 연구결과물 심사방식으로 바꾸는 것이 마땅하다는 논문을 한국학술진흥재단의 공모에 응모해 연구비를 받고 써서 제출했는데 읽어보았는가?”

박석무 : “읽어보지 못했다. 모든 논문을 읽어볼 수는 없지 않는가?”

조동일 : “읽어야 할 논문을 읽지 않은 것은 잘못이다. 사과하라.”

박석무 : (대답이 없다.)

조동일 : “연구교수 제도에 대해서는 어떻게 생각하는가?”

박석무 : “연구교수를 누가 알아주겠는가? 설사 서울대학교 연구교수라 하더라도 주례도 서지 못할 것이다.”

자연인 박석무가 어떤 생각을 가졌는가는 시비 대상이 아니다. 그러나 학문정책의 가장 중요한 영역을 관장하는 한국학술진흥재단 이사장이 이 정도의 식견을 가진 것은 이 나라의 커다란 불행이다. 이 글 앞 대목에서 “다른 나라는 학문정책을 어떻게 하는지 알아보려고도 하지 않는 수준의 정치인이 국정을 담당하고, 학문이 무엇인지 짐작조차 하지 못하는 관료집단이 연구행정을 관장하고 있어 새로운 출발을 가로막는다”고 한 것은 표현이 많이 모자란다.

덧붙임 2

한국학술진흥재단 이사장과 나 사이에 그런 언쟁이 있고 며칠 뒤에, 한국학술진흥재단은 내가 참여하고 있는 연구과제의 연구비 지원을 중단했다. 서울대학교 인문학연구소에서 인문학연구를 세계적인 범위에서 재검토하는 대단위 공동연구에 포함된 다섯 과제 가운데 하나가 文史哲을 통합한 한국학문의 전통을 계승하는 연구이다. 조동일(문학)이 연구책임자가 되고, 최병헌 교수(사학), 송영배 교수(철학), 류준필 박사(문학), 남동신 박사(사학), 장원목 박사(철학)가 공동연구자가 되어, 1998년 12월부터 3년간 그 연구를 하겠다고 한 계획서가 채택되어, 제1차년도 연구를 예정대로 진행하고 1999년 12월부터 제2차년도 연구에 들어서는 시점에 한국학술진흥재단의 결정에 의해 연구비 지원이 중단되고 연구과제가 취소되었다.

대단위 공동연구에 포함된 다른 과제는 유럽의 분열과 통합, 유럽의 신화와 민담, 동아시아의 유학, 동서양의 생태사상에 관한 것들이다. 그 네 과제는 연구비가 계속 지원되는데, 모범이 되는 연구라고 연구소 자체에서 평가한 과제 하나만 탈락시킨 것은 무슨 까닭인가 하고 한국학술진흥재단에 해명을 요구했으나 납득할 수 있는 해답을 얻지 못했다고, 연구소장 오인석 교수가 전해주었다. 인문학연구를 세계적인 범위에서 재검토하는 작업 가운데 한국에 관한 것이 빠져서 전체 연구에 차질이 생겼다. 文史哲을 통합한 한국학문의 전통 계승에 관한 연구는 하지 말아야 한다는 공식적인 결정을 국가 예산으로 연구비를 지급하는 기관에서 내렸다.

이것은 행정소송을 해서라도 잘못을 바로잡아야 할 사태이다. 소송이 시작되어 법원의 요구에 의해 한국학술진흥재단이 그런 처사를 한 이유를 밝히지 않을 수 없게 되면, 이사장이나 어느 누가 단독으로 결정한 일은 아니라고 할 것이다. 연구의 내용이 부적절하고, 연구자의 자격이 미비하다는 사실이 뒤늦게 판명되고, 연구 진행을 소홀하게 해서 연구를 중단시킬 수밖에 없었다고 할 것으로 예상한다. 심사를 위촉받은 사람들이 그런 판정을 내렸다고 하는 자료를 제시할 수도 있다. 과연 그런가 시비를 가려보자.

文史哲을 통합한 한국학문의 전통을 계승하는 연구는 우리 학문의 주체적이고 창조적인 역량을 되살려 나날이 심각해지고 있는 인문학의 위기를 극복하고, 학과가 학부로 합쳐지는 시대가 요구하는 총괄적인 내용의 교과목을 제공하기 위해서 절실하게 필요한 연구이다. 우리 여섯 사람은 전공분야, 연구업적, 연구역량 등의 여러 조건에서 그 연구를 하는 데 조금도 결격사유가 없는 적임자이다. 문학·사학·철학 전공자가 文史哲 통합에 관한 공동연구를 하는 것은 전에 없던 일이다. 학문후속세대를 보조연구원으로 하지 않고 공동연구원으로 한 것도 획기적인 처사이다.

제1차년도에 세 교수는 문제점에 대한 전반적인 논의를 하는 논문을 각기 한 편씩 쓰고, 세 박사는 한국학문의 전통을 재인식할 수 있게 하는 자료를 찾아 해제하는 작업을 시대를 분담해서 하면서, 서로 협의하고 비판해, 단행본 한 권 분량의 원고를 작성했다. 여섯 연구자가 제2차년도에는 오늘날의 시점에서 재평가해야 할 한국학문의 유산 가운데 특히 중요한 것을 하나씩 들어 깊이 있는 논의를 전개하고, 제3차년도에는 文史哲을 다시 통합하는 새로운 학문을 하는 방향과 방법을 제시하겠다고 했다. 최초의 계획서에서 이미 제시한 그런 사실을 중간보고서에서 더욱 분명하게 밝혔다.

그런데도 한국학술진흥재단에서 연구비 지원을 취소해 연구를 중단시킨 것은 전혀 부당한 처사이다. 관료주의를 넘어선 관치주의가 학문을 살육하는 생생한 현장을 실제로 보여준 사건이다. 한국학술진흥재단이 그런 재량권을 행사해도 되는가? 어느 개인이 자기 돈을 써서 연구를 지원한다 해도 그렇게 할 수는 없을 것이다. 한국학술진흥재단은 국고로 연구비를 지원하는 국가기관이다. 국민이 낸 세금을 자기 돈인 것처럼 쓰면서 자행하는 횡포를 그대로 둘 수 없다.

한국학술진흥재단에서는 내가 위에서 편 주장에 대해서 그 나름대로 전혀 다른 판단을 내렸다고 하자. 그렇더라도 연구를 중단시키지 않고, 이미 3년간 지원하기로 결정한 연구비를 예정대로 지원해 연구결과가 나오기를 기다려 결과가 부당하면 연구비 변상을 요구하는 것이 온당하지 않은가? 연구의 가치는 계획서가 아닌 결과물을 근거로 판단해야 한다고 거듭 주장해야 할 이유가 여기 있다. 독자적인 계획에 따라 완성한 연구물을 제출해 연구비를 사후에 받을 수 있게 제도를 바꾸면 연구에 대한 관료주의 또는 관치주의의 침해를 줄일 수 있다.

연구비 지급이 중단된 사례를 길게 거론하는 이유는 개인이 입은 피해를 회복하자는 데 있지 않고, 그것이 연구를 지원하는 제도가 근본적으로 잘못되었음을 밝히는 좋은 증거이기 때문이다. 국정담당자가 한국학술진흥재단이라는 기관을 만들어서는 잘못 운영하고, 무자격자에게 맡겨 학문 죽이기를 가속화하는 탓에 더욱 확대되는 국민 전체의 피해는 행정소송으로도 헌법재판으로 도 시정할 수 없다. 혁명 수준의 학문운동이 일어나 정치적 결단 을 강력하게 촉구해야 해결 가능성이 생긴다. 그렇게 하는 데 불 을 지피려고 이 글을 써서, 당대의 양식에 호소하지 못한다면 후 대에라도 뜻을 같이할 사람들이 있기를 바란다.

한국학문의 전통을 되살려 文史哲을 다시 통합하는 연구는 평 생을 걸고 해야 할 것이다. 한국학술진흥재단이 이미 내린 결정을 번복해 연구비를 계속 지원하도록 만든다 해도, 뜻하는 바를 제대 로 실현하기 어렵다. 연간 2700만 원의 연구비를 받아, 1인당 400 만 원씩 지급하는 규모로는 무직자인 신진박사들이 생계 걱정은 하지 말고 연구에 전념하라 할 수 없다. 교수들도 너무 바빠 시간 을 많이 낼 수 없다. 3년간의 연구결과를 책으로 출간한다 해도 문 제를 제기하고 방향을 제시하는 정도에 그치고 필요한 본론을 충 분히 갖추지는 못할 것이다. 후속 연구를 계속해서 해야 한다.

文史哲을 다시 통합하는 연구를 하고자 열망하는 우리 여섯 사 람이, 그 연구를 동아시아학문이나 유럽학문까지 넓히고자 하는 다른 몇 사람의 동지와 함께 인문학연구소의 연구교수가 되어, 우 선 5년 동안이라도 다른 일은 잊고 연구에 몰두할 수 있으면 크게 진전된 성과를 거둘 수 있다. 한국학문의 역사를 쇄신하고 세계학 문의 새로운 길을 열고자 하는 목표를 어느 정도 달성할 수 있을 것이다. 그런 연구를, 부당한 규제에서 벗어나 자유롭게, 다른 일 에 시간을 빼앗기지 않으면서 최대한의 노력을 기울여 큰 규모로 진행하고 싶다. 이 나라 대한민국이 그런 기회를 제공하는 나라이 기를 바라는 것이 잘못인가?